Bibliografische Information der Deutschen Nationalbibliothek:
Die Deutsche Nationalbibliothek verzeichnet diese Publikation in der
Deutschen Nationalbibliografie; detaillierte bibliografische Daten sind
im Internet über http://dnb.d-nb.de abrufbar.

www.sternenblick.org
kontakt@sternenblick.org

Copyright © 2020

Herausgeberinnen:
Stephanie Mattner & Nadja Felscher

Cover- & Buchgestaltung:
Stephanie Mattner

Textkorrektur:
Nadja Felscher

Rechte der Gemälde im Buch (S. 12, 20, 41, 68, 91)
© Gabriele Templin-Kirz

Rechte der Grafiken im Buch
(S.16, 26, 29, 39, 50, 54, 64, 77, 79, 89, 112, 127, 143):
© Designwork

Rechte der Grafiken der Titelei (S. 3, 6)
© FleurDesign

Herstellung und Verlag:
BoD – Books on Demand, Norderstedt

ISBN: 978-3-7519-2141-1

Als flögen Vögel

> Jürgen Molzen

Als flögen Vögel:
Jedes Gedicht
ein Neuanfang

Abschluss
eines Teilstücks
des Lebens

Und doch
Fortsetzung –
mit anderen Einsichten

Auf der Suche
zu anderen –
zu sich selbst ...

Nur Menschliches
hinterlässt
bleibende Spuren

Ein „Ich lieb dich!"
Dein „Ich dich auch!"

Jedes Gedicht
ein Neuanfang:
als flögen Vögel ...

Schillernder Flug

> Sonja Otti

„Jedem Anfang wohnt ein Zauber inne" – diesen Spruch kennen wir und auch dieses Gefühl; haben wir doch alle schon mal erlebt. Manchmal versteckt sich dieser Zauber, liegt tief verborgen in einer Welt, die man nicht jeden Tag betreten kann; hat jetzt aber gar nicht so viel zu tun mit dem passenden Schuhwerk oder dem richtigen Wetter. Jeden Tag bewegen wir uns auf Wegen, die uns so vertraut sind, dass wir sie oft blindlings gehen könnten. Aber manchmal, da ertastet man eine Unebenheit, die immer schon da gewesen war – bloß haben wir unseren Schritt darauf eingestellt und plötzlich gerät man an derselben Stelle ins Wanken. Hin und wieder gibt es ein Geländer, auf das wir uns stützen können, oder es steht jemand hinter uns und gibt uns ein wenig Halt. Aber manchmal sind wir auch alleine unterwegs und dann rappelt man sich wieder auf und nimmt weiter Kurs. Manche Wege führen uns voran, manchmal zurück und hin und wieder sogar in die Irre. Doch gelegentlich auch in etwas Neues.

Für Neues wird oft Platz geschaffen, nicht immer ganz freiwillig, aber dieser Wechsel ist ein wichtiger Bestandteil unseres Lebens. Veränderung ohne Änderung – ist kaum möglich. Die Zufriedenheit reicht der Unzufriedenheit erst durch Korrektur die Hand, Risiko natürlich immer im Handgepäck. Ein plötzlicher Aufbruch lässt manchmal Dinge zurück; Dinge, denen wir Bedeutung geben, aber durch dieses Zurücklassen doch Platz für Neues schaffen. Platz für neue Begegnungen, neue Eindrücke, neue Erinnerungen. Und wäre nicht rund um uns das ganze Jahr über Veränderung – würden wir denn nicht die Schmetterlinge vermissen? Ihre Raupen will selten einer im Garten verköstigen, und die Holzschlägerarbeiten im Wald würde man auch lieber verschieben – aber wie wärmend das Holz sein kann, in dessen Wald wir uns im Frühling an neuem Grün gar nicht satt sehen konnten und derselbe Wald im Herbst unsere Schritte weicher macht, mit eben diesen Blättern. Und deswegen kann es uns guttun, mal von unserem gewohnten Weg abzukommen. Veränderung kann uns stärken, uns schwächen – wie wir es zulassen. Ich konnte das beobachten, ohne in der Früh noch zu ahnen, nachmittags einen kurzen Blick auf diesen „Zauber des Neubeginns" zu erhaschen. Ich war aber nur Zaungast und blieb nicht allzu lange dort. Dieser Neubeginn, diese Veränderung hatte vor meinen Augen begonnen. Rund um mich hohes Gras, aufgewärmt von der Sonne, in das ich mich setzte. Besuch von Käfern an meinen Beinen, kurze, neugierige Blicke von summendem Getier im Vorbeifliegen. Vor mir, auf einem langen Grashalm, war vor einiger Zeit ein Insekt hochgekrabbelt und verharrte dort vollkommen regungslos. Sein Körper war von der Sonne schon getrocknet und ich wollte gerade eben weiter durch die Landschaft streifen, da brach der braune Panzer dieser Larvenhülle langsam auf. Stück um Stück riss die trockene Hülle, doch innen drinnen, da pulsierte es, Grünliches schimmerte hindurch, immer wieder ließen zuckende Impulse den Halm erzittern. In den Ruhephasen verhalf ich einem Marienkäfer zu einer höheren Startposition, indem ich ihm meinen Zeigefinger als Flugrampe zur Verfügung stellte. Er brauchte lange, um den optimalen Abflugwinkel zu berechnen – aber es klappte. Die Sonne hatte inzwischen ihren Standort ein wenig gewechselt und mein Rücken war nun nicht mehr ganz so warm wie vorhin. Der Halm vibrierte wieder wie als Signal, dass die Pause nun zu Ende sei und mit einem Mal wand sich mit enormen Kraftaufwand ein Wesen aus dem aufgebrochenen Körper – stark und verletzlich zugleich. Das alte Leben war zwar aufgebrochen, diente dem Neuen aber als Stütze, denn dieses Lebewesen hielt sich mit all seinen Gebeinen daran fest; solange, bis seine filigranen Flügel die Festigkeit erreichten, die sie brauchten, um sich ohne Vorwarnung von seiner alten Hülle abzustoßen und als Libelle davonzusurren. Eine Weile sah ich noch auf dieses aufgebrochene, leere Insekt vor mir auf dem Grashalm – als erwartete ich, dieses Ereignis würde sich nochmals wiederholen, doch vor mir wiegte sich nur diese hohle Form, die monatelang zuvor als Larve im Wasser gelebt hatte. Einem Impuls folgend verließ sie, ohne recht zu wissen, was da kommen würde, ihr vertrautes Umfeld – krabbelte aus der Sicherheit des Wassers in eine andere Welt. In eine, die Schönheit, aber auch Gefahren mit sich bringt. Und trotzdem war der Drang in ihr so groß, ihre Veränderung fortzusetzen. Unsere Metamorphosen sind vielleicht nicht immer so farbenprächtig und schillernd wie die einer Libelle, aber auch uns kann ein Impuls auf eine neue Spur bringen – kann uns in ein neues Wohin führen, das wir in der Verharrung einer vermeintlichen Sicherheit nie erfahren hätten. Wir können frei entscheiden, ob wir den Grashalm hinaufkrabbeln möchten, uns aus einer Stagnation befreien oder sie zumindest für einen Moment zurückweisen. Plötzlich kommt das Wasserwesen mit einem anderen Element in Kontakt, doch statt abzublocken und den Rest des Lebens im Nass zu verbringen, bricht es auf und erstaunt uns mit schimmernden Flügeln, die die Libelle überall hinbringen, wohin sie will. Und wie gerne man ihr vom Ufer eines Baches aus zusieht, wie sie über das Wasser schwebt, ihresgleichen trifft und einen selbst kurz innehalten lässt, um diese Schönheit zu bewundern. Doch ihrer vorherigen Gestalt hätten wir nie so viel Beachtung geschenkt, ihr hinterher gesehen, uns an ihr erfreut – war sie doch ein Teil des Schlicks, in dem sie sich zwischen Steinen und modernden Blättern versteckte, lauernd auf Beute. Dieses Wesen ist das Wagnis einer Veränderung eingegangen, nicht wissend, was da warten würde – und auch wir wissen nur selten, was uns die Zukunft bringen wird. Doch wenn wir immer nur im Schatten verweilen, werden wir nur andeutungsweise die Wärme der Sonne erfahren. Und wenn wir uns immer unterstellen und im Schutz abwarten, werden wir auch keinen Regen, keinen Wind spüren. Was soll's – dann werden wir eben nass und frieren eine Zeitlang, doch wenn wir Glück haben, sind wir in solchen Momenten nicht alleine. Und wenn doch – es geht alles vorbei und dann kämpfen wir uns aus dem Schlick und trocknen unsere Flügel an der Sonne. Und mit einem Mal stoßen wir uns von unserer alten Hülle ab – in eine Richtung, die nicht immer klar ist, aber wir haben es probiert.

Metamorphose

> Irene Daecke-Kamischke

Als wolle der Tag in sich selbst sich verlieben,
verschmilzt er am Rande zu Gold.
Als würden dadurch alle Sorgen vertrieben,
als lächle die Nacht uns schon hold,
erglüht diese Grenze am Rande der Erde
zu feurigem leuchtendem Rot –
die Farbe der Liebe, aus der alles werde,
als kenne die Liebe nie Not.

Die Wolken entschweben in rosige Ferne,
wie Federn so luftig und leicht.
Ich schau' ihnen nach und seh' erste Sterne,
als Feuer der Dämmerung weicht.

Die Schönheit des Bildes weckt in mir ein Rauschen,
gewaltig und dennoch ganz zart.
Ich stünde gern länger und würde dem lauschen
und hab' es auf ewig bewahrt.

Zeitenwende

> Sabine Fenner

Wenn ich könnte
Würde ich der Zeit
Einen anderen Odem einflößen
... ein Zifferblatt erfinden
Das sich nach meinem Zeitenbild
Durch den Tag bewegt
Ich würde die Zeit
Wie eine Bettfeder dehnen
Damit sie mir zu Willen ist

Du sagst: So reagiere doch!
Und ich lege
Altes Gedankengut ad acta
Mit dem festen Willen
Mich selbst zu überlisten

Jedoch könnte die Zeit
Manchmal ein Einsehen haben
Ach, was rede ich
Der Knoten im Taschentuch
Ist längst passé
Und jetzt stehe ich auf
Beginne von vorn

Sylvester

> Sigrid Sopart

Sylvester
ein Wort
ein Abgrund
in der Nacht,
Jahre klaffen
auseinander
aus dem Grunde
der Schlucht
steigen Feuergarben,
Glockengeläut –
ein Schritt nur –
unmerklich
schließt sich
der Graben.

Neujahrsmorgen

> Stephanie Richter

Buntes Konfetti
verstreut im raubedeckten Gras.
Die letzten Raketen sind verschossen.
Nur der Geruch der bunten Funken
hängt noch in der Luft.
Sie schmeckt nach neuen Möglichkeiten,
während der Tag noch schläft.

Neubeginn

> Ingrid Herta Drewing

Es trägt der Wind die Worte in die Weite,
fast ungehört verklingen sie wie Rauch,
der sich, in Lüften lösend, leis' befreite,
ein Kräuseln, hin zum Himmel, nur ein Hauch.

Nicht alles, was hier wirkt, muss wohl einst schwinden.
Auch eine zarte, sanfte Melodie
wird sich in eines Vogels Singen finden,
erklingen wieder neu in Harmonie.

Ein Spiel der Klänge, das den Tag vollendet,
bevor er sich zu dunkler Nacht hinwendet,
um dann in tiefer Träume Reich zu sinken.

Ein Neubeginn, der helles Licht uns spendet,
der Hoffnung, Freude in die Seele sendet,
wird uns gewiss an einem Morgen winken.

Neujahrsmorgen
an der alten Gitarre
die Saite ersetzt

> Evelin Schmidt

Erwachen

> Nadja Felscher

Mit Fingerspitzen den Morgen berühren,
Tautropfen küssen,
den Schleier der Nacht wegblinzeln.

Schwebend durch Hallen schreiten,
mit Blicken Melodien formen,
Düfte fangen.

Mit weniger Worten mehr sagen,
tonlos mehr meinen
und stumm Geschichten erzählen –

Lautlose Fingerspitzenmelodien.

Tränen der Seele

> Anastasiya Savran

Sie hebt selbstbewusst, langsam den Kopf. Ihre rot geschminkten Lippen verziehen sich zu einem strahlenden Lächeln. Die blauen Augen glänzen selbstsicher und blicken lebhaft, mit einer Kraft, wie sie nur bei jungen Menschen zu finden ist. Sie spannt die Muskeln an, hebt einen Arm über ihren Kopf, über ihre geflochtene Hochsteckfrisur. Bis in die Fingerspitzen hält sie die Spannung, strahlt eine unglaubliche Präsenz aus. Wie ein leuchtender Diamant reflektiert ihr glänzendes, eng anliegendes goldenes Trikot das grelle Licht des Scheinwerfers und das der hundert leuchtenden Augen, die auf sie gerichtet sind. Sie genießt die zarte Stille, in der nur ihr gleichmäßig schlagendes Herz und die knisternde Aufregung des Publikums wahrzunehmen sind. Das geladene Schweigen währt, die erwartungsvollen Augen blicken, das Licht bringt sie zum Strahlen.

Und sie ist bereit.

Der erste Ton erklingt und füllt nach solcher Stille jedermanns Ohren mit einem süßen Klang. Sie schreitet elegant nach vorne – ein Schritt. Und zwei weitere, ein wenig schneller als der vorige. Sie öffnet die Arme, holt Schwung und vollführt eine fließende Drehung, während die Töne zunehmen und die Musik anschwillt. Ihr Herz pocht im gleichen Takt wie die Melodie, ihr Körper lässt sich von den Klängen streicheln, sie spürt die Geschichte, die jeder Ton erzählt und riecht deren Gefühle. Sie verschmilzt mit ihnen, wird Teil ihres unsichtbaren Daseins.

Und sie tanzt.

Schwebt von einer Position in die andere, bewegt freudig ihre Beine, Arme, Hände. Ihre Füße fliegen über den Boden, sie springt und dreht sich. Ihre Bewegungen sind flüssig wie klares Wasser, sie selber strahlt wie glühende Lava. Ihr wendiger Körper schwingt mit der Musik, ihre Gestalt bringt tiefste Emotionen zum Ausdruck und singt im Einklang mit den Tönen deren wundersame Geschichte.

Und alle staunen.

Die Augen haften an ihr. Begeistert. Mitgerissen. Gefangen.

Können es kaum fassen.

Freudig gießt sie Öl in das Feuer ihrer Begeisterung und entfacht noch größere Flammen der Faszination, indem sie weitertanzt. Lebhaft. Erweckend …

Und nachdem sie, der einzig schillernde Diamant, der zusammen mit den süßen Tönen die Dunkelheit erhellt hat, zu einem Ende kommt und die Musik verklingt, folgt die nächste Melodie: tosender Beifall. Alle springen von ihren Plätzen, klatschen, gratulieren, pfeifen und jubeln. Sie alle werfen ihr Blumen, Freude und Tränen zu. Betteln regelrecht um eine Zugabe.

Und sie ist glücklich.

Aufrichtig tänzelt sie leichthin zum einen Ende der Bühne, und dann zum anderen, verbeugt sich elegant lächelnd und lässt Freude und Stolz durch ihren Körper strömen. Sie hört die tobende Menge, die ihr zujubelt und sie bestaunt. Sie saugt glücklich deren Bewunderung und Aufmerksamkeit in sich auf, wissend, dass sie die beste Tänzerin war, die heute Abend hier gestanden hat. Eine Wärme breitet sich in ihr aus, als sie an ihre blendende Zukunft denkt: Was sie alles noch meistern würde. Wen sie alles beglücken würde.

Und dann, auf einmal, wird das tosende Publikum leiser. Immer mehr nehmen sie an Lautstärke ab. Die glückliche Stimmung, die Freude, wird wie durch Rauch gedämpft. Die Gesichter – zuerst verzerrt, bis sie schließlich verschwimmen und sich dabei anfangen zu drehen. So wie der ganze Raum ... Immer schneller, schneller. Es wird dunkel. Ein hoher Ton in ihrem Ohr ...

Und sie öffnet die Augen.

Findet sich am alten verrostenden Balkon wieder. Immer noch zitternd, da soeben die einst so süßen Erinnerungen an ihr genagt und sie sich in ihnen verloren hatte. Nur der rauschende Regen erinnert sie an den tosenden Applaus. Das Pfeifen des Windes kommt dem Jubel und den Pfiffen gleich. Die Tränen entsprechen dem einstig herabrinnenden Schweiß.

Und der Moment ist vorbei.

Sie fährt mit den Händen über ihr erschöpftes Gesicht, über ihre Falten. Sie fühlt ihre raue Haut, ihre Müdigkeit und den Schmerz, der nach all den Jahren noch immer nicht nachgelassen hatte. Die Freude und Leichtigkeit, die sie soeben verspürt hatte – ihr Traum – zerbricht in tausende Scherben. Und sie selber hatte den Hammer geschwungen und alles zertrümmert. Tränen rinnen über ihr Gesicht, zitternd umklammert sie das Geländer und schluchzt.

„Mami? Mami! Wieso weinst du denn?"

Kleine Hände schlingen sich um ihre Hüfte, die sich verzweifelt und besorgt an sie klammern.

„Bitte nicht traurig sein, Mami!"

Die Süße seiner Stimme lässt sie erschaudern, ist Balsam für ihre wunde Seele ...

Sie schließt die Augen. Sie hatte sich entschieden, vor vielen Jahren. War eben diesen Weg gegangen, den kommenden Veränderungen bewusst ...

Nun gilt es, ihr weinendes Herz nicht den Erinnerungen hinzugeben, damit es abermals nicht bricht. Sie weiß es. Die letzte Träne fällt zu Boden, die aufgerissene Wunde ihrer Seele hört auf zu bluten.

Sie holt tief Luft, dreht sich um und lächelt, als sie zwei blaue Augen erblickt, so groß wie zwei Monde. So unschuldig. So rein.

„Ich bin gar nicht traurig, mein Liebling."

Sie kniet sich nieder und schließt ihren Sohn, ihren kleinen Sonnenschein, ihr Leben, in die Arme.

„Ich könnte gar nicht glücklicher sein."

Die Geburt

> Marvin Jüchtern

Und plötzlich blüht ein vorher nicht Gekanntes
auf in tausend Farben, die dir wohlbekannt
erscheinen;
wie Duft, der Nahverwandtes
an sich trägt, wie ein Gewand,
das deine Mutter trug, als sie im Weinen

zum ersten Mal den Puls von Mutterliebe spürt
und dort in so viel Kleinem, ein so viel Größres führt.
Und als Momente sich in Schleier aus Unendlichkeit
und nie gefühlter Sehnsucht hüllen;
und als sich Augen, hell und weit,
mit nie geweinten Tränen füllen.

Und irgendwo, im fernen Hintergrund verblasst,
sind warme Hände eines Vaters, die sich wie ein Segen,
beinahe ruhend, sanft und zitternd um dich legen,
als du Dich, und ganz viel Leben, in die Arme fasst.

Lebenszeichen

> Helmuth Schönig

Du siehst
Baumgesichter
Wolkenfiguren
Spiegelbilder
Farbwellen
Lichtspiele

Du findest
Lebenszeichen

Die weisen Riesen

> Andreas Christ Sølvsten Jørgensen

Einst am Anfang meiner Reise,
als die Welt im Dunklen lag,
sangen weise Riesen leise
an der Krippe, die mich barg.

Meine Riesen wurden kleiner,
und die Welt Begrifflichkeit,
etwas kälter und gemeiner.
Viel zu schnell verging die Zeit.

Meine Riesen wurden Schwätzer
und als Götter abgesetzt.
Zeit verrann. Ich wurde Ketzer,
Götterrollen neu besetzt.

Neue Gurus. Neuer Anfang.
Eine Suche nach dem Licht.
Neue Werte fanden Anklang,
boten eine neue Sicht.

Nach dem Sturmdrang kam das Wissen
um die menschliche Natur.
Alle Menschen sind zerrissen,
schwanken ziellos, einsam, stur.

Denn die Welt war viel komplexer,
schräger, wirrer und verquer:

Keine Gurus, keine Hexer,
keine weisen Riesen mehr.

Dritter Anfang. Zweites Ende.
Manche Türen schlagen zu.
Neuer Anfang. Neue Wende.
Mit der Wende, da kamst du.

Nun am Anfang deiner Reise
wache ich am Krippenrand.
Ziehe um dich meine Kreise,
bin dein Leitstern und Trabant.

Denn ich möchte dich behüten.
Ragnarök steht noch bevor.
Bette dich in alten Mythen.
Rage über dich empor.

Und das ist Leben

> Tobias Deger

Und das ist Leben: Niemand weiß es,
was in dir alles drängt und dreht.
Nur mancher ahnt vielleicht ein leises
Werden eines großen Kreises
der zitternd durch dein Leben geht ...

29

Eimer voller Löcher

> Ina Spang

Anselm schaut in Augen. „Kannst du dich an Träume erinnern", fragt er, „bleiben sie dir bis zum nächsten Morgen." Die Augen sind dunkel, braun und warm. Glänzend. Zwei Kastanien, denkt Anselm und senkt den Blick, schaut auf geflochtene Körbe. Weidenzweige, ihre Oberflächen rau, ineinander verschlungen, manche Körbe sind klein und rund. Manche sind groß wie Waschkörbe. Niko sagt nichts, er nickt nur. Anselm streckt den Arm aus, braune Tabaklocken zwischen den Fingern, er legt sie in Nikos Handfläche. Spürt Wärme, staunt darüber, wo sie herkommt. Staunt, dass Niko sie bewahren kann, hier auf Kopfsteinpflaster, auf dem kalten Platz. Irgendwo im Niemandsland, wo der Wind eisig durch die Marktstände zieht. Der Frühling ist kalt in diesem Jahr. Ein Streifen Sonne schleicht sich aus einer Gasse, Anselm hält eine Hand ins Licht. Sie bleibt kalt. Anselm hört Kirchturmglocken. Tritt zur Seite, eine alte Frau beugt sich über Körbe. Zieht einen heraus, schiebt beide Augenbrauen nach unten. Dreht den Korb in ihren Händen, fragt nach Handarbeit und nach Herkunft, ihr Blick durchdringt Kastanienaugen. Niko sagt nichts, nickt nur schüchtern. Will dann doch noch etwas sagen, aber die Frau ist schon weg. Anselm blinzelt in die Sonne.

„Träume sind heilsam", sagt Niko irgendwann, „Träume sind reinigend." Seine Handgelenke sind schmal, Anselm sieht dünne Haut, fast durchsichtig, die sich über Knochen spannt. Anselm wirft sein Feuerzeug über Weidenkörbe. Es landet in Nikos Hand. „Träume sind wahrhafter als Menschen, Träume sind wahrhafter als das, was Menschen mit deinem Kopf machen", sagt Niko. Anselm sieht plötzlich etwas Dunkles in den Kastanienaugen. Niko räuspert sich, spricht über Kunst, spricht über die Zeit vor den Körben. Darüber, wie er aussteigen wollte, aus dem Leben, aus allem. Aus allem, was von Geld regiert wird. Niko spricht über die Zeit, in der er tat, was er war. Nur das. Kunst. Niko spricht über Botschaften und Geheimnisse, spricht von einem Metalleimer, in den er Löcher stieß, dann buntes Garn hindurchfädelte. Löcher in deinem Leben, in deinem Kopf, sie sind da, um bunt zu werden, um verbunden zu werden, sie sind gut. Niko schaut in Meeraugen und Anselm nickt. Schaut auf eine Häuserwand und trotzdem, seine Augen blicken hindurch, blicken ins Weite. Niko sagt, dass Leben sich verändert, immer, so wie Kunst es tut. Sagt, dass er wirr träumte, und schlecht, lange Zeit. Und sein Atelier, irgendwann war es nur noch gefüllt mit Dunkelheit und mit düsterer Musik. Eine Matratze auf dem Boden. Niko träumte von Krieg, stand auf und lief nachts langsam durch das Atelier, lief über knarrenden Holzboden. Blieb stehen und schloss die Augen im lichtlosen Raum. Verhängte die Fenster mit dunklen Stoffen. Lief in der nächsten Nacht nach draußen, lief in den Wald. Sägte ein dürres Bäumchen ab, es war kahl, und Niko lackierte es pechschwarz. Machte, dass es aussah wie tot. Dass es so tot aussah, wie es tatsächlich war und installierte es in einen dunklen Kanister. Band eine alte Plastiktüte irgendwo oben an einen dünnen Zweig. Stellte den Ventilator unter den Baum und die rauschende Luft ließ die Tüte flattern. Niko dachte, ja, so sieht das Ende der Welt aus. Trostlos und ohne

Farben, kein Leben, nur wehende Luft, Beutel, Gefäße aus Plastik und der Baum längst tot. Niko schob alte Kissen und Decken in einen großen Müllsack, drapierte ihn wie einen toten Menschenkörper unter den Baum. Besprühte ihn mit Farbe, glänzend, dunkelrot Niko erschrak. Spürte, dass er es war, der leblos unter dem Baum lag. Es war sein Kopf, es war das, was man mit seinem Kopf gemacht hatte. Der Kopf, den die Menschen aus ihm gemacht hatten. Plastik. Niko spürte, dass er das Ende der Welt geschaffen hatte. Niko machte Fotos im lichtlosen Raum, Tränen liefen über sein Gesicht. Dann ließ er die Kamera fallen, stieß die Tür auf. Es war Morgen geworden. Niko rannte ins Helle, rannte zum Fluss. Legte sich unter eine Weide, starrte nach oben. Sah Licht und Natur, sah Blau zwischen Zweigen und Blättern, spürte Wind, spürte sein Herz. Spürte, dass er wieder lebte. Kehrte zu keinem der Menschen je zurück, die er gekannt hatte. Sah sie alle nie wieder. Nicht einmal den Vater. Träumte seitdem nie wieder von Krieg. Betrat sein Atelier seitdem nie wieder. Schälte Weidenzweige im Freien, saß manchmal stundenlang da, den Kopf, die Nase vergraben in ihrem Duft. Seine Hände flochten Holz, schlangen raue Oberflächen ineinander. Verbanden Löcher in Nikos Kopf, in Nikos Leben.

Niko sagt, er brauche sonst nichts.

Anselm hebt die Hand, läuft über Kopfsteinpflaster, steigt ins Auto. Verlässt den Platz im Niemandsland. Verlässt Niko und seine Weidenkörbe, legt ein kleines Bündel aus Leder auf den Beifahrersitz. Rund und klein wie ein Tischtennisball. Ein kleines Säckchen, es hing über den Körben am Stand. Anselm nahm es vorsichtig mit seinen schmalen Fingern vom Haken, sah hinein. Es war gefüllt mit ausgestanzten Herzen aus Filz. Braun und weiß, „was soll es kosten", hat Anselm gefragt. „Nimm es mit", sagte Niko, „es ist deines".

Rauchwolken fliegen aus Anselms Nasenlöchern, finden durch das offene Fenster nach draußen. Anselm schüttelt den Kopf, denkt an Nikos lichtlosen Raum, denkt an Nikos Träume von Krieg. Denkt, dass Kunst schmerzhafte Bereiche zum Schwingen bringt, dass Kunst heilt, dass alles heilsam ist. Immer, irgendwie. Denkt an morgen, an die Baustelle, denkt an Ventilatoren im Tunnel, an Gummistiefel und Gesichter, die vom Dreck schwarz gefärbt sein werden. Die dürr aussehen und kahl, wie schwarz lackiert, tot. Anselm schüttelt den Kopf, hält am Straßenrand, steigt aus. Läuft in ein gelbes Rapsfeld, streckt die Arme aus, lässt sich nach hinten fallen. Sieht Licht und sieht Blau über sich. Fragt sich, ob alles nur ein Traum war, die Autobahn, die Ausfahrt, die ihn anzog, das Ankommen im Niemandsland. Nikos Marktstand auf dem kalten Platz, das Kopfsteinpflaster, Kirchturmglocken. Gelber Raps, vielleicht war alles nur ein Traum.

Anselm schließt die Augen. Denkt, dass er dem Schnörkelmädchen das kleine Ledersäckchen voller Herzen geben will. Spürt sein Herz. Lächelt.

Herzflügel

> Regina Berger

Über Wolken galoppieren
im Mantel aus Blüten und Wind
mich in Deinen Träumen verlieren
bis wir unbeschwert offen sind
dem leuchtenden Lachen hinterher
wenn Seelen sich zärtlich streifen
Morgen mit Schaumkronen im Meer
die Herzflügel startklar schleifen

Ich schnitze dir eine Wiege

> Maja Loewe

Ins Lachen der Bäume

Biege dir ein Schiff
aus dem Gesang der Eule

Stricke dir einen Mantel
aus Amseln und Schnee

Flechte dir Federn
in dein blühendes Herz

Damit es leicht ist wie Luft
Sich im Flug erinnert

dass auch der Regen
nur ein Lied an die Erde ist

Absichtslos

> Birgit Burkey-Dearing

Absichtslos
schreite ich durch den Sand,
führe Zwiegespräche
mit der Brandung.

Schritt für Schritt,
ohne Ziel,
laufe ich dem Horizont entgegen.

Keine Wolke gleicht der anderen,
keine Welle summt den gleichen Ton,
nur meine Gedanken ziehen innenwärts,
in sonnengetränkten Strömen.

Mantel der Vergangenheit

> Neslihan Kanbur

Es gibt Tage
und ich trage
den Mantel der Vergangenheit.
Samtig umschmeichelt er meinen Körper,
nimmt mir den wärmesehnsüchtigen Seelenfrost.

Es gibt Tage
und ich trage
denselben Mantel.
Eingeengt ist mein Leib wie eine Mumie,
meine Seelenatmung wie die Dunkelheit schwer.

Der Tag kommt
und ich ziehe aus
den Mantel der Vergangenheit.
Mein Körper ist frei wie im Freifall,
mein Seelenmeer voller Aufbruchswellen.

Andere Ufer

Hin zu anderen Ufern
treibt mich der Zeiten Lauf,
einst wähnte ich hier meine Heimat,
nun gebe ich dieses Land auf.

Alles ist jetzt anders,
als es einmal war,
und ich würde mich nur selbst betrügen,
bliebe ich noch länger da.

Irgendwo in der Ferne
singt jemand ein schönes Lied
und ich spüre in meinen Adern,
wie es mich weg von hier zieht.

Das Lied erklang auch schon früher,
nur konnte ich es damals nicht hören,
ich war zu sehr gebunden,
nun lasse ich mich gerne bekehren.

38

Mut

> JE

Heute habe ich
Mir mein Herz gefasst.

Hab's hinaus getragen –
Über meine selbst gesetzten Grenzen.

Habe mich gewagt –
Wozu bislang der Mut mir fehlte:

Einen neuen Anfang gemacht.

Auf dem Schreibtisch
zwischen den Rechnungen
Karte und Kompass

> Sebastian Salie

Die letzte Reise der Gay Leonora

oder wie ich nicht in die Geschichte einging

> Jörg Weese

Um eines gleich festzuhalten: Es war nicht mein Fehler. Ich kann schließlich nichts dafür, dass dieser Mensch eine dermaßen unleserliche Handschrift hat. Glauben Sie mir, Ihnen wäre es genauso ergangen.

Aber ich sollte vielleicht doch ganz von vorne beginnen. Es war Mitte September und in meinem Geschäft begann sich die für diese Jahreszeit übliche Flaute bemerkbar zu machen. Im Frühjahr und Sommer ist die Auftragslage in der Regel besser, vor allem seit ich außer der Schildermalerei auch einige Anstreicher beschäftige. Ich für meinen Teil blieb allerdings bei meiner alten Leidenschaft und Spezialität. Seit ich vor zehn Jahren das Geschäft meines verstorbenen Vaters übernommen habe, habe ich meine Kunst beständig fortentwickelt und kann mit gewissem Recht behaupten, der beste Schildermaler des Königreichs zu sein.

Aufgrund der Lage unserer Stadt, an der Südküste Englands, ergibt sich für mich noch eine andere Möglichkeit, meine Kunst auszuüben. Der Wind, das Salzwasser und die raue See setzen Schiffen zu. So kommt es, dass die Schriftzüge mit ihren Namen mit der Zeit verblassen und unansehnlich werden. Nun braucht es selbstverständlich einen geschickten Maler, der die alte Pracht wiederherstellt. So habe ich schon mancher Fregatte zu neuem Glanz verholfen, und ich bin stolz darauf, dass jede einzelne den Ruhm meiner Handwerkskunst zu neuen Ufern trägt.

Aber solche Restaurierungen sind nicht mein einziger

Einsatzbereich. Oftmals wechselt ein Schiff den Besitzer und damit oft seinen Namen – und was wäre außerdem der Stapellauf eines neuen Segelschiffs ohne eine Schiffstaufe, ohne den passenden, kunstvoll gestalteten Namenszug am Bug oder Heck?

Doch zurück zu meiner Geschichte.

Eines Morgens kam ein Mann in meine Werkstatt, der sich mir als John Robinson vorstellte. Er erzählte, wie glücklich er sei, endlich ein passendes Schiff für sich und seine Brüder gefunden zu haben. In die Neue Welt wollten sie auswandern, soviel verstand ich von den Andeutungen des Fremden, da man sie hier an der freien Ausübung ihrer Religion hindere.

„Womit kann ich Ihnen also zu Diensten sein?", fragte ich den alten Mann.

Robinson runzelte die Stirn. „Das ist an sich schnell erklärt", sagte er. „Sie müssen wissen, dass es derzeit äußerst schwierig ist, ein Schiff zu erwerben. Man muss sich wirklich mit allem zufriedengeben, was man nur bekommen kann. Und so blieb mir auch keine große Wahl, als man mir dieses dreimastige Segelschiff" – er machte eine unbestimmte Handbewegung in Richtung Hafen – „mit dem Namen *Gay Leonora* zum Kauf anbot."

Ich nickte wissend. Die *Gay Leonora* war mir nicht unbekannt. Sie hatte dem kürzlich verstorbenen alten Seebären Jonathan Uptonwold gehört. Das Schiff war in tadellosem Zustand, wenn man von der etwas freizügigen Galionsfigur absah, die der *Gay Leonora* ihren Namen verlieh – wenn ich mich recht erinnere, hatte Jonathan sie von einem gesunkenen Piratenschiff, oder zumindest behauptete er das. Dass eine Gruppe tief religiöser Menschen unmöglich mit einem derartigen ...

43

Ballast auf die Reise gehen konnte, war klar.

„Sie werden verstehen, dass wir an dem Schiff noch einige kleine Änderungen vornehmen müssen, bevor wir England endgültig den Rücken kehren. Vor allem einen neuen Namen braucht es. Und da sie sich in der Gegend eines gewissen Rufes rühmen dürfen" – wissentlich oder nicht hatte er meinen wunden Punkt getroffen – „wären wir erfreut, wenn Sie sich der Sache annähmen. Selbstverständlich zu Ihrem Preis."

Er brachte mit seinem zerfurchten Gesicht tatsächlich ein sympathisches Lächeln zustande und blickte mich erwartungsvoll an.

Ich musste nicht lange überlegen: „Einverstanden", nickte ich.

„Sehr gut", entgegnete der Mann und reichte mir die Hand. „Wir haben uns bereits auf einen neuen Namen geeinigt. Sie finden ihn auf diesem Papier. Gott segne Sie."

Er gab mir einen gefalteten Zettel und ging dann ziemlich rasch in Richtung Hafen davon.

Und da stand ich nun mit jenem Stück Papier, das mir so viel Kopfzerbrechen bereiten sollte. Ich faltete es auseinander und las den Namen, den Robinsons 'Brüder' für die *Gay Leonora* vorgesehen hatten. Ich erwähnte bereits, dass mir das Entziffern äußerst schwer fiel. Immerhin gelang es mir nach einiger Zeit, die neun Buchstaben zu einem einigermaßen vernünftigen und sinnvollen Wort zusammenzusetzen, wenn da nicht dieser verflixte erste Buchstabe gewesen wäre. Das Problematische daran war, dass beide möglichen Varianten durchaus einen Sinn ergaben und dass sich die beiden Buchstaben in handschriftlicher Ausführung auch noch so ähneln konnten. Hätte es sich nicht um solch einen frommen Mann gehandelt, würde ich jetzt sagen, hier wäre doch tatsächlich der Teufel im Spiel gewesen. Doch mag das durchaus der Fall gewesen sein, denn jetzt meldete sich auch wieder meine Berufsehre zu Wort. In all den Jahren meiner Tätigkeit hatte ich meine Aufträge immer zur vollsten Zufriedenheit der Auftraggeber erledigt, nie hatte es irgendwelche Unklarheiten, nie Streitigkeiten oder Grund zur Beschwerde gegeben. Und das sollte sich auch wegen dieses Mr. Robinson nicht ändern – wäre ich jetzt, nach fast einer Stunde, zu ihm gegangen und hätte unterwürfig gebeten, ich könne das nicht lesen, er möge mir doch bitte … Nein, das wäre mir einfach gegen den Strich gegangen. Ich weiß nicht, ob Sie das verstehen können, aber in dieser Beziehung bin ich eben Perfektionist.

Also brütete ich weiter über der Notiz, als ob ich die wahre Bedeutung der neunbuchstabigen Botschaft ausbrüten könnte wie eine Henne, wenn sie nur lange genug ihrem Ei sitzen bleibt. Doch statt einer Erleuchtung suchten mich Kopfschmerzen heim und dabei war es wirklich langsam an der Zeit, mit der Ausführung des Auftrags zu beginnen – es war Mittag geworden. Ich hatte eine Reputation zu verlieren, und das alles wegen jenes einen kleinen Zeichens, das eine so gewichtige Sinnänderung hervorrufen konnte.

Irgendwann entschied ich kurzerhand, dass der Unterschied so gravierend dann doch nicht sein würde, und griff eine der beiden Varianten heraus – immerhin hätte ich so eine Chance von fünfzig zu fünfzig, diejenige zu erwischen, die der Schreiber im Sinn gehabt hatte. Ich packte also mein Handwerkszeug – Farbe, diverse

Pinsel, Schablonen, Lineale, Zollstöcke, Zirkel, Stifte zum Vorzeichnen – auf den kleinen Handkarren und machte mich auf den Weg zum Hafen.

Ich war so sehr in Gedanken, dass ich irgendwann überraschend plötzlich vor der *Gay Leonora* zum Stehen kam. Man hatte das Segelschiff seiner anstößigen Namensgeberin bereits entledigt und der ursprüngliche Name war ebenfalls fein säuberlich abgeschliffen worden. Auf dem Schiff werkelten einige der Gefährten und auch meinen Auftraggeber erspähte ich. Er war gerade damit beschäftigt, zusammen mit anderen die Habseligkeiten der Auswanderer an Bord zu verstauen. Er erkannte mich und kam kurz zu mir herunter. Ob es etwa irgendwelche Probleme gegeben habe, fragte er mich freundlich. Ich gab vor, bis jetzt an Entwürfen für die Schrift gearbeitet zu haben, und diese Erklärung schien ihn in höchstem Maße zufriedenzustellen. Ohne es zu wollen, hatte ich es mir mit meinem überflüssigen Stolz nun endgültig unmöglich gemacht, ihm noch einzugestehen, dass ich seinen Zettel nicht richtig hatte lesen können. Mit einem flauen Gefühl im Magen machte ich mich schließlich an die Arbeit. Um noch etwas Zeit zum Nachdenken herauszuschinden, ließ ich den Anfangsbuchstaben zunächst weg.

„Den werde ich besonders schön mehrfarbig gestalten", erklärte ich – das hatte ich ohnehin vorgehabt – als mich John Robinson darauf ansprach.

„Ich sehe, wir haben die richtige Wahl mit Ihnen getroffen", nickte er respektvoll.

Mir wurde die Sache immer unangenehmer. Was, wenn ich mich nun tatsächlich für die falsche Variante entscheiden würde? Ich wäre beruflich am Ende. Ganz

England würde über mich lachen, und ich könnte in Zukunft an der Straßenecke betteln, weil mir niemand mehr einen Auftrag erteilen würde. Ich malte mir meine Zukunft in den schwärzesten Farben aus, während ich hier in leuchtend weißen Buchstaben jenen schicksalsträchtigen Namen auf das Schiff pinselte.

Die Fertigstellung des Anfangsbuchstabens verlegte ich auf den nächsten Vormittag. Auch wenn ich inzwischen fast jegliche Hoffnung aufgegeben hatte, glaubte ich, es wäre nützlich, die Sache noch einmal zu überschlafen. Meine Albträume belehrten mich eines Besseren. Ich glaube, nie habe ich so schlecht geschlafen wie in jener Spätsommernacht. Im Traum wurde ich in siedendes Öl geworfen, gerädert und von sämtlichen Unter- und Oberteufeln gepiesackt. Und das war noch der angenehmere Teil davon.

Am nächsten Morgen fasste ich den grimmigen Entschluss, der Sache – so oder so – möglichst schnell ein Ende zu setzen und auch gegebenenfalls die Konsequenzen zu tragen. Ich wollte endlich Ruhe haben vor der quälenden Grübelei über jenen einzigen Buchstaben, von dem Sein oder Nichtsein abhing. Noch einmal nahm ich mir den Zettel vor, den mir der Mann am vorigen Morgen – war es wirklich erst vierundzwanzig Stunden her? – überreicht hatte. Die Zeichen, die ich ohnehin kaum entziffern konnte, verschwammen vor meinen Augen. Ich zerknüllte das Papier und warf es ins Kaminfeuer.

Dann begab ich mich – möglicherweise zum allerletzten Mal – an meine Arbeitsstätte. Oh, wenn ich diesen dreimal verwünschten Buchstaben doch hätte lesen können …

Ganz plötzlich ging in meinem Geist die Sonne auf. Ich fragte mich, warum ich nicht schon früher auf diese zugegebenermaßen recht billige Lösung gekommen war. Es würde vielleicht funktionieren. Ja, auf jeden Fall hätte ich weniger zu verlieren, als wenn ich tatsächlich und endgültig den falschen Namen auf den Segler schreiben würde. Ich müsste den Alten praktisch nur mit seiner eigenen Waffe schlagen: der Unleserlichkeit. Ich würde den mysteriösen ersten Buchstaben so sehr verzieren und verschnörkeln, dass es gar nicht auffallen würde, sollte es sich doch nicht um den richtigen handeln.

Das Ende ist schnell erzählt. Meine Idee hatte mich dergestalt mit neuem Mut und Tatendrang erfüllt, dass der Namenszug tatsächlich noch an diesem Tag vollendet wurde. Ich erhielt das bescheidene Honorar, das ich dafür forderte, und mein Auftraggeber versicherte mich seiner höchsten Zufriedenheit. Und doch packt mich jedes Mal, wenn ich zurückdenke, ein wenig das schlechte Gewissen. Aber schließlich war es doch nicht meine Schuld, dass der Zettel dieses – wie nannten sie sich? – 'Puritaners' so ein unreines Schriftbild besaß.

Und so stach denn an jenem 16. September 1620 in der südenglischen Hafenstadt Plymouth das Schiff mit den ersten englischen Amerikasiedlern, den Pilgervätern, mit Kurs auf die Neue Welt in See – die *Hayflower*.

Neue Zeiten

> Yvonne Bohrer

Es schien die Welt beladen,
mit Sorgen immerzu.
In Selbstmitleide baden
die Menschen ohne Ruh'.

Nur einer ging und zog hinaus,
er wanderte geschwind.
Entfloh dem tristen Nebelgraus
und stellte sich dem Wind.

Er ließ die Zeiten weichen,
dass Anfang neu entsteht
und zeigte seinesgleichen
wie „Leben" weiter geht!

Segel setzen

> Horst Jürgen Peter Miethe

Wie oft habe ich nicht schon die Segel gesetzt,
wie oft hat der Sturm sie mir wieder zerfetzt.
Wie oft sah ich fern schon das goldene Land,
und habe das Riff vor mir nicht erkannt.
Gerettet stets, selbst aus höchster Not.
Am Leben geblieben, doch zerschellt mein Boot.
Gezweifelt häufig. Aber nie aufgegeben.
Die Segel gesetzt,
und vertraut auf das Leben.

Tatendrang

> Carmen Streißnig-Fink

Sanft und leise
schleichen Wünsche
in dein Nasskalt
nähren
heimliche Gedanken
die beinah unmerklich
Goldstaub
auf Wangen stupsen

ganz verschwiegen
rieseln sie über den Nasenrücken
umspielen
selbstvergess'ne Lächellippen
um schließlich
in Nachdenkgrübchen
zu versinken

dort
wurzeln sie
im Humus deiner Wissbegier
dürsten
nach zeitperlender Frische

und plötzlich
bist du wieder Kind
fühlst zukunftshungrig Segel bauschen

stichst in See

atmest
Leben

Heimathimmel

> Ingeborg Henrichs

Als ich sah
Wie die zwei Wolken
Den Heimathimmel verließen
Tänzelnd kreisend nebeneinander
Ihre Nasen kess voran
Auf neue Wege sich einließen
Da spürte ich etwas
Vom Zauber des Abschieds
Von der Magie des Unterwegsseins
Und sah ihnen lange zu.
Wo sind sie nun?
Am Heimathimmel unsichtbar
Der Wolken Spur.

An der Moldau

> Magnus Tautz

Lauter
springende Fische
gegen den Strom

und sterben, dachte ich,
könne man nur
an einem Fluss,

und du zeigtest
beharrlich auf den
immerwährenden Lauf
des Wassers

wie auf ein Gesetz
einer nie
gesprochenen Sprache.

Manchmal

> Anka Röhr

Manchmal
ist es
nur
ein Ton
ein Wort
ein Blick
und
alles
ändert sich

Mann auf der Parkbank

> Doris Lautenbach

Anfang Mai fiel mir der Mann auf der Parkbank zum ersten Mal auf.

Mein Hund und ich lieben den Park und besonders die Stunden des späten Nachmittags, wenn die Radfahrer sich allmählich verziehen, die Mütter ihre Kinder an die Hand nehmen und von dem kleinen Tümpel weglotsen, auf dem jetzt immer die Enten mit ihren flaumigen Küken schwimmen. Wenn die Sonne allmählich untergeht und die Dämmerung einsetzt, ist das die Zeit, die mich immer schon bezauberte. Auch mit 67 Jahren hat sich daran rein gar nichts geändert, stelle ich fest, ich hatte es nur vergessen, weil es für mich nicht mehr wichtig war.

Nichts war mir nach dem Tod meines Mannes Henri mehr wichtig.

Als ich den Mann auf der Parkbank sitzen sah, hatte ich gerade intensiv über Düfte nachgedacht. Ich war über mich selbst erstaunt, dass mir der prachtvoll blühende Flieder, hier im hinteren Teil des Parks, überhaupt aufgefallen war. Üppige Blütendolden, dicht an dicht gewachsene kleine pastellfarbige Sterne. Fast fühlte ich mich von dem betörenden Wohlgeruch ein bisschen beschwipst.

Ich weiß noch, wie schockierend ich die Erkenntnis im ersten Jahr fand, dass die unablässige Kälte der Jahreszeit, in der Henri gestorben war, nach und nach dem Frühling wich. Ich wollte keine Veränderung. Ich wollte nur, dass die Welt, die Zeit zu Ende ist.

So, wie mein Leben als Witwe, da war ich mir damals sicher, zu Ende war.

Den Mann auf der Parkbank fand ich vom ersten Moment an beachtenswert. Ich schätzte ihn auf Anfang 70, die gebogene Nase, das weiße, zurückgekämmte Haar, das gepflegte schmale Bärtchen, all das machte mich neugierig und ich fühlte mich seltsamerweise zu ihm hingezogen, obwohl ich mich beinahe im gleichen Moment dafür schämte.

Mein verstorbener Mann kam mir in den Sinn. Entschuldige bitte, Henry, flüsterte ich.

Der Mann auf der Parkbank hatte die Augen geschlossen. Ich entdeckte die blau-weiß karierte Serviette auf seinem Schoß und den hübschen geflochtenen Korb neben ihm auf der Bank.

Andächtig wirkte der Mann. Ja, andächtig ist das richtige Wort, völlig versunken und in-sich-ruhend. Und da ich ein höflicher Mensch bin, wollte ich diesen besonderen Moment nicht stören und ging rasch weiter.

Zu Hause wartete meine bevorzugte Wochenzeitung auf mich. Normalerweise wäre ich jetzt mit dieser Lektüre in Henris Sessel versunken und hätte mir später Bachs h-Moll-Messe aufgelegt, um zu dieser abgrundtief traurigen Melodie zu weinen.

Aber an diesem Tag tat ich nichts dergleichen. Der Mann auf der Parkbank wollte mir nicht aus dem Kopf gehen und ich schimpfte kurz mit mir selbst. Alberne alte Trine, sagte ich laut.

Ich werde jetzt nicht erzählen, wie ich mich nach Henris Tod gefühlt habe. Das ist privat und geht niemanden etwas an.

Es muss an dieser Stelle reichen, wenn ich sage, seit Henris Tod fühlt sich das Leben an, als wäre man auf einer Feier, beobachtet, wie sich die anderen Gäste amüsieren, während man selber abseits am Rand steht und kein einziges Wort mitbekommt. Ich war gebrochen, das trifft es wohl, und alle Lebenskraft hatte mich verlassen. Das Leben ging zwar weiter, irgendwie, aber für mich gab es darin kein Weiterkommen mehr.

Es ist, als habe man seinen Geruchs- und Geschmackssinn verloren; ein Teller mit wunderbarem Essen ist auf einmal ohne Bedeutung. Das Leben ohne Henri, eine frisch angerichtete Mahlzeit, die langsam kalt wird.

Ich wusste, dass ich essen musste, verspürte aber keinen Appetit mehr.

Henri ist jetzt fast fünf Jahre tot und seitdem habe ich mich beinahe ausschließlich von Tütensuppen und lieblos belegten Broten ernährt.

An dem Tag, als ich den Mann auf der Parkbank zum ersten Mal sah, stand mir der Sinn auf einmal wieder nach einer Mahlzeit, die diese Bezeichnung auch verdiente. Mein Hund hob erstaunt den Kopf, als er bemerkte, dass ich mich am Kühlschrank zu schaffen machte und schließlich vier Eier über die Arbeitsplatte rollten.

Henri war ein fantastischer Koch und darüber hinaus ein Poet. Eine frisch gebackene Omelette kann Gesang für den Geist sein, pflegte er zu sagen. Ich erinnerte mich, wie er die Eier mit Zartgefühl schlug und beherzt würzte, dann die Butter in seiner heiliggehaltenen Pfanne erhitzte. Wenn die Omelette unten halb gar ist, so löse man sie unendlich sacht vom Pfannenboden ab, rede der Omelette anschließend leise gut zu, denn wenn man der Speise Gewalt antäte, verlöre sie ihre Zauberkraft. So waren Henrys Worte.

Alsdann lege man winzig gehackte Zwiebeln sowie

dünne, aber saftige Scheiben geräucherten Lachses aus Norwegen darauf und klappe das Ganze zusammen wie ein Buch. Serviert hatte Henry die Omelette jedes Mal auf unseren schönsten Porzellantellern, zusammen mit Kaviar, frisch getoastetem knusprigen Brot und saurer Sahne. Das geeignete Frühstück nach einer Liebesnacht, sagte er immer.

Während ich mir meine Omelette à la Henry mit dem Hund teilte, ohne Kaviar und Lachs selbstverständlich, es war wirklich höchste Zeit, wieder einmal anständig einkaufen zu gehen, dachte ich über die Sinnlichkeit guten Essens und unsere Liebe zum Kochen nach, nur zwei von so vielen Gemeinsamkeiten, die Henry und mich einten.

Seine so wundervollen Nachspeisen, all die verlockenden Verführungen aus Sahne, schmelzender Schokolade, die luftigen Baisers und der tropfende Honig. Henri, meine Taille, flüsterte ich und öffnete doch jedes Mal selig den Mund.

Wir leben in einer verkehrten Zeit, antwortete er dann, dein Platz ist eigentlich auf den Leinwänden und Gemälden eines impressionistischen Malers.

Henri sah in mir eine dralle Nackte, die in einem verzauberten Garten umherspringt, die prallen Formen und sinnlichen Rundungen von Nymphen mit Pfauenfedern gekitzelt.

Dass ich in dieser Nacht meinen Lieblingstraum träumte, den Traum, den ich schon als junge Frau so mochte, überraschte mich nicht. In diesem Traum stehe ich auf dem Sprungturm im Schwimmbad und schaue voller Vorfreude ins Becken, das anstelle von Wasser mit Milchreis gefüllt ist. Ich springe hinein, in die sahnige

Masse, und plansche mit der Grazie und dem Anmut eines Delfins darin herum. Ich tauche durch die köstliche Creme, die meine Haut streichelt und mir den Mund füllt.

Ich kicherte, als mir einfiel, wie Henri reagiert hatte, als ich ihm eines Morgens zum ersten Mal von diesem Traum erzählte. Wie wir zwischen den weißen Leinenlaken lagen und er gesagt hatte, es gehe doch nichts über Geschichten, die man einander erzählt, nicht wahr.

Und wir daraufhin anfingen, uns abends kleine Texte im Bett vorzulesen, wir bedienten uns aus dem riesigen Repertoire der erotischen Weltliteratur. Manchmal wählten wir erlesene Prosa von Anais Nin oder Colette, manchmal stand uns auch der Sinn nach deftigerer Kost, einerlei, wichtig war nur, dass die Geschichten nicht zu lang waren, häppchenweise genossen entfalteten sie ihre volle Wirkung.

In den nächsten Wochen sah ich den Mann auf der Parkbank nahezu täglich. Immer mit einer Serviette auf dem Schoß, das Körbchen mit Leckereien neben sich auf der Bank. Mittlerweile nickten wir einander zu und lächelten.

Längst herrscht in meinem Kühlschrank keine Leere mehr. Stattdessen stehe ich wieder wie früher in der Küche, mit vorgebundener Schürze und einem Tuch im Haar, ich jongliere mit Gewürzen und Kräutersträußen, der Duft meiner Fleischbrühe ist unbeschreiblich.

Henri sagte einmal zu mir, dieser Eintopf könne Tote erwecken und ich wünschte, das wäre wahr.

Und während die Natur jetzt, Mitte Mai, förmlich explodiert, gehe ich in den Gärten meiner Erinnerung spazieren.

Ich erinnere mich an unsere glühend heißen Sommer in Italien. Henri bereitete häufig eine Ratatouille zu, er schnitt die saftigen Zwiebeln, die dunkelvioletten prallen Auberginen und ließ mich zwischendurch von den herrlichen Tomaten abbeißen, ich weiß noch, wie mir der Saft über Kinn und Kragen tropfte.

Dann denke ich an Paris. Frühstück an der Place des Voges, dem schönsten Platz auf der ganzen Welt. Café Crème in der Sonne, Croissants und Baguette. Beides gibt es in jeder zivilisierten Stadt zu kaufen, doch nirgends sind sie außen so knusprig und innen so locker wie in Paris. Ich versuche es trotzdem: kaufe Baguette bei Lenôtre im KaDeWe, gesalzene Butter bei Butter Lindner.

Erdbeermarmelade koche ich selber, die ganze Wohnung riecht köstlich. Wo ich schon mal im KaDeWe bin, kann ich auch gleich in der Parfumabteilung nach diesem Duft Ausschau halten, den Henri damals in Paris immer benutzte. Ich will sein Kopfkissen damit besprühen und den einzigartigen Geruch nachts in der Nase haben.

Die Parfumverkäuferin mit den viel zu langen Fingernägeln und dem Glitzerstein im Bauchnabel scheint zuerst durch mich hindurch zu schauen, ich muss energisch auf mich aufmerksam machen.

Was will die aufgeregte Omi denn jetzt noch in dem Alter mit Herrenparfum, sagen mir ihre hochgezogenen Augenbrauen und sie verzieht spöttisch die glossigen Lippen.

Und ich denke: Hat dir dummen jungen Gans, die du dir völlig ungerechtfertigt etwas auf deine Jugend einbildest, hat dir jemals ein Mann ein Gericht gekocht, das Artischockenseufzer heißt? Hast du ihm danach die Finger abgeleckt und weißt du überhaupt, was man mit einer Pfauenfeder alles anstellen kann? Weißt du, wie es sich anfühlt, wenn ein Mann dein Herz und deine Haut zum Singen bringt?

Ich nehme an, dass es an eben diesem Parfum liegt, dessen Duft mich die ganze Nacht in der Nase gekitzelt hat.

Ich träume in dieser Nacht Henris Lieblingstraum, in welchem er mich nackt auf eine mexikanische Tortilla bettet, leuchtendes Avocadopüree und scharfe Salsa hinzu gibt, alles aufrollt und gierig hineinbeißt.

Kein Wunder, dass meine Knie noch ein bisschen zittern, als ich zur gewohnten Stunde mit meinem Hund durch den Park gehe.

Der Mann auf der Parkbank lächelt und diesmal spricht er mich an. Wir sitzen nebeneinander, seine Stimme ist schön.

„Schon die ganzen letzten Wochen wollte ich Sie fragen, und erst heute habe ich den Mut dazu gefunden. Würden Sie mir die Freude machen und sich zu einem Picknick einladen lassen?"

Ein Wonnegefühl steigt in mir auf, ich nicke und denke gleichzeitig: Man sollte sich im Leben nur von Dingen verführen lassen, die erstklassig sind.

*Ersterscheinung in dem Kurzgeschichtenband der Autorin „Wünsch dir was, aber pass auf" (2017, Storyhouse Verlag)

Du kamst zu mir

> Fabian W. Williges

Du kamst zu mir aus weit entfernten Landen.
Dass unser Weg sich kreuzte, welch ein Glück!
Wir suchten Worte, die wir lang nicht fanden;
Du lächeltest – ich lächelte zurück.

Wer mag den Grund für unsre Nähe nennen?
Zu dunkel scheint er für ein reimendes Gedicht.
Es ist genug, dass wir ihn beide kennen.
Und diese Zeilen halt ich weiter schlicht.

Es kann wohl niemand das Vergang'ne heilen.
Und unsre Chance fortzubesteh'n sei klein.
Ich möchte gern mein Leben mit dir teilen
Und auch ein Teil von deinem Leben sein.

Perlen

> Luitgard Renate Kasper-Merbach

Die Perlen
des Tages
über den Acker
des Lebens
gestreut

und in
den Segen
des frühen Morgenblicks
mein Lächeln
gelegt

mit der Kraft
der nächtlichen Glut

so unendlich lange
so hoffnungsnah weit

Spuren ins
Herz gepflanzt

mit den säenden Händen
des Himmels.

Behutsam

> Edeltrud Wisser

Der Himmel öffnet seine Sonnenfenster
und wo Gewölk noch gestern still verharrte
da schält sich heute aus dem schleiergrau
manch lichtgetränkter Augenblick
der echozart mein Wesen streichelt
behutsam leg ich ab die alte Haut
im Wandel schwängert sich die Luft
mitreißend
atme ich
den Neubeginn.

Januargefühl

> Constanze Wolfer

Der Schnee fiel wie ein Schleier über Nacht,
da hab ich meine Tür leis aufgemacht
und trat hinaus auf weite, stille Fluren –
so rein und weiß, ein Tuch ganz ohne Spuren.

Und plötzlich schien es mir, als würd' das Alte,
würd' das, was war, nun endlich zugedeckt,
damit sich Neues dann entgegenstreckt
mit off'ner, freier Hand, die freudig walte.

Ich weiß, dass ich mir dieses Jahr gestalte,
dass sich die Welt auch ohne mich noch dreht,
wenn ich sie nicht mit lichten Bildern halte
und bunt mir male, bis der Winter geht …

Gedankenwinter

> Christiane Schwarze

Der Nachmittag dämmerte unter dahinjagenden Wolken. Sturm pustete und hustete, bis die Bäume ihre Kronen neigten.

Böen bauten Luftmauern und drängten Mäntel zurück.

Stiefel knirschten das Weiche hart, Rückblicke schlitterten über abgerissene Kalenderblätter.

Zugvögel hatten Wärme mitgenommen und so viele Farben, wie sie nur in sich hineinstopfen konnten. Der Wind hatte ihre Schwingen gen Süden getragen, zurückgekehrt suchte er nun am Ufer nach Licht.

Frierend krümmte sich der Fluss – Zurückbleiben war schmerzlicher als Davonfliegen.

Erinnerungen gefroren und bildeten Eisränder. Brüchige Brücken zwischen Stillstand und Fließen.

Bewegungslos lagen Karpfen dicht gedrängt auf dem Gewässerboden. Barsche und Zander zogen sich in Vertiefungen zurück, die dem Frost trotzten. Kein unnötiger Flossenschlag, hier hatte niemand etwas zu verschenken!

Luftstöße vagabundierten durch harsches Laub. Unter einer Wurzel hatte sich die Weisheit eingegraben, wartete reglos auf wärmere Tage. Wer sollte einen Rat geben, wenn selbst die Kröte schwieg?

Der Wind legte sich. – Sein Atem festgefroren im Februar. Die scheinbare Ewigkeit des Eises stimmte Choräle an, manchmal brach ein Herzstück. Statt eines Klirrens versank Verlorenes lautlos im Weiß.

Würde der Schmerz aushaltbarer, wenn die Zeit für immer stehen bliebe?

Vögel würden den Wind vermissen, ebenso Wolken und Bäume.

Doch vermisste er auch sie?

Sanft berührt von Kranichschwingen erschien der März weniger unerreichbar.

Durchzug bewies, dass die Atempause des Windes geendet hatte.

Er presste sich durch grellbeleuchtete Röhren, ohne auf die Beschilderung von Haltestationen zu achten. Aus der Stille kommend, quälten ihn metallschleifende Bremsen, Gesprächsfetzen und Lautsprechermonologe.

Zu dünne Jacken fröstelten. Augen blickten in die Richtung, aus der etwas kommen und weiterführen sollte. Ohren waren darin geübt, nicht zuzuhören, es sei denn, die Ansage beträfe das eigene Ziel.

Der Luft wurde es inmitten der drängelnden Menge übel.

Betonwände flüsterten: „Dieser Tunnel wird enden!"

Hinter dem Vorhang versteckte sich die Welt.

Glockenschläge erzählten gedämpft vom Welken der halben und ganzen Stunden.

Licht floss durch Gewebe und imprägnierte die Dunkelheit.

Hinter grünem Stoff verbargen Birken ihr rindennacktes Gezweig.

Kiefern trugen schwer an der Helligkeit.

Die Zeit glaubte stillzustehen, obwohl sie sich dem Licht entgegendrehte.

Wolken verstreuten silbriges Flirren und später auch Träume aus Kristall. – Als ob es einen neuen Anfang gäbe!

Neuordnung

> Tobias Hainer

Ich höre mein lautes Echo
unbeirrbar
in Wellen der Erinnerungen
bis es wie ein sinkendes Schiff
in der Tiefsee versank

In meinem Gedankendach
bin ich entkörpert
ich blute wie der Baum
der seine Blätter im Herbst
verliert

Doch für immer ist nichts
unter dem Schleier
gefrorener Eisberge
glitzert nur der Starrsinn
des verschlossenen Kristallherzens

Ich darf mich freuen
und die Dinge
als Zeichen der Versöhnung
neu ordnen

Die Reise zum Mond

> Evelyn Hagen

Ich reise gerne. Schon als kleines Kind hatte ich, rücklings auf der Wiese meiner Großeltern liegend, zu den Wolken emporgeschaut und mir ausgemalt, wie sie bis nach Hamburg zogen, hinweg über das Haus meiner Eltern. Und wie meine Mutter zufällig nach oben blicken und genau dieselben Wolken sehen würde.

Ich stellte mir vor, mit den weichen Wattebergen zu fliegen, auf ihnen zu sitzen wie auf einem flauschigen Kissen, ähnlich der dicken, weiß bezogenen Federbetten meiner Großmutter, welche ich am Morgen, wenn ich vor den anderen aufwachte, sorgfältig unter mir drapierte, um damit über den wasserblauen Horizont zu schweben, in ferne Länder, die ich noch nicht beim Namen kannte.

In einem Buch meines Vaters hatte ich Bilder entdeckt mit einer bunten Karte von unserer Erde, die rund wie ein Ball sein sollte. Wenn ich auf meinem Wolkenschiff einmal herumgetragen sein würde, wollte ich die Bahn verlassen, nicht weiter kreisen, sondern geradeaus gleiten, hinaus in die Weite des Alls. Wie der kleine Häwelmann, der in seinem rollenden Bett hinauf in den Abendhimmel fuhr. Aber das blieb mein Geheimnis.

Eines Abends schlenderten meine Mutter und ich den schmalen Weg vom hinteren Ende des langgestreckten Grundstücks zum Häuschen meiner Großeltern entlang, Büsche und Bäume nahmen in der Dämmerung bereits Gestalten von Kobolden, Drachen und Gespenstern aus verschiedensten Märchen an, sodass ich vorsichtshalber

Mamas Hand nahm.

Da schob sich eine finstere Wolkenwand beiseite, der glänzende Vollmond schickte seine Strahlen zu uns herab und verwandelte den Garten in ein dunkelblaues Zauberland.

„Guck mal, der Mond!" rief ich entzückt zu der rapsgelben Kugel mit den schwarzen Tupfen und Linien hinauf. Meine Mutter lächelte.

„Die Menschen würden gerne einmal zu ihm hinauffliegen, Lenchen. Aber bisher hat es noch keiner geschafft. Von dort oben muss unsere Erde fantastisch aussehen, wie eine blaue Murmel auf schwarzem Samt."

Während ich damals bei Tagesanbruch auf meinem Wolkenbett hockte, die Vögel ihr frühes Zwitschern ertönen ließen und der erste helle Schimmer in winzigen unregelmäßigen Punkten durch die verschlissene Wolldecke vor dem Fenster blinkte, stellte ich mir vor, ich spähte in den nächtlichen Himmel. Und die Punkte wurden zu Sternen, die ich zu Sternbildern zusammensetzte, von denen noch niemals jemand etwas gehört hatte.

An den Wochenenden kamen meine Eltern zu Besuch. Im Sommer frühstückten wir draußen im Schatten der mächtigen Eiche, die mein Urgroßvater als Junge gepflanzt hatte. Zuweilen bummelten wir ins Dorf hinein und ich bekam eine Portion Eis, deren Farbe ich mir aussuchen durfte und die über den Rand der Waffeltüte quoll.

Manchmal holten mich meine Eltern zu sich in die Stadt. Bald, wenn ich zur Schule gehen würde, sollte ich bei ihnen wohnen. In der Stadt sah es merkwürdig aus. Überall lagen Berge von Schutt herum, manche Gebäude waren richtig kaputt, sodass ich in die Räume sehen konnte.

„Das war der Krieg", erklärte mein Vater mir, und ich nahm es hin. Meine Eltern besaßen ein altertümliches rotes Auto mit einem langen Kühler wie eine Hundeschnauze. Man musste eine Kurbel hineinstecken und sie drehen, bis der Motor aufheulte. An einem Sonntag im Mai kletterten wir alle in das Gefährt, um einen Ausflug zu machen. Ich wollte große Schiffe sehen, und mir wurde versprochen, dass wir sogar auf dem Wasser herumgondeln würden.

„Mit einer Barkasse", kündigte Papa an, „können wir durch den ganzen Hamburger Hafen schippern." Er wandte sich zu mir um und lachte. In dem Moment tapste ein graues Kätzchen hinter einem parkenden Laster hervor auf die Fahrbahn, dicht gefolgt von einem kleinen Mädchen mit ausgestreckten Armen, die ganze Aufmerksamkeit blindlings auf das Tier geheftet. Noch heute habe ich den Ablauf vor mir wie einen Film. Die wehenden blonden Haare des Kindes über dem blauweiß gestreiften Kleidchen, den erstickten Schrei meiner Mutter, den verblüfften Ausdruck in den Gesichtern meiner Großeltern und wie mein Vater voller Schrecken und scheinbar in Zeitlupe den Blick wieder auf die Straße richtete.

Plötzlich ging alles rasend schnell. Er riss das Steuer nach links, die Reifen quietschten jaulend auf und der Wagen kippte in eine gefährliche Schräglage. Für den Bruchteil einer Sekunde schaute ich durch das Seitenfenster in die weit aufgerissenen Augen der Kleinen. Dann wurde ich in die Höhe geschleudert, es folgte ein ohrenbetäubendes Krachen und ich sah nichts mehr. Als ich wieder zu mir kam, hatte ich keine Eltern, keine Großeltern und keine Beine mehr.

Seitdem reise ich viel.

Ich bin schon überall gewesen. Am liebsten überquere ich den Atlantik, immer sorgsam darauf bedacht, die Route der Titanic, wo sie auf den Eisberg traf, zu meiden. Wenn in der Ferne endlich die Fackel der Freiheitsstatue in einem der festmontierten Bordferngläser auszumachen ist, schlägt mein Herz bis zum Hals, und ich kann mich nur schwer gedulden durch die Wolkenkratzerschluchten von Manhattan zu streifen oder atemlos das ameisenhafte Gewimmel in dem Straßengewirr unter mir vom Empire State Building zu bestaunen, über mir den furchterregenden King Kong, der sich an der dünnen Spitze herumschwingt.

Kaum dass ich lesen konnte, war ich schon mit Kara Ben Nemsi auf rassigen Pferden durchs wilde Kurdistan galoppiert und hatte Schulter an Schulter mit Old Shatterhand im Land der Apachen für das Gute gekämpft.

Mit Robinson Crusoe war ich an Land gespült worden und rannte um mein Leben, als die Kannibalen auf unserer Südseeinsel einfielen. Mit dem Grafen von Monte Christo floh ich aus dem Chateau d'If und mit Gulliver wagte ich mich ins Land der Zwerge und der Riesen.

Etliche Jahre später verschlang ich Sachbücher ohne Pause. Wieder saß ich auf Wolken und ließ mich mit dem Wind über die Kontinente treiben. Wo es mir gefiel, sank ich hinab und lebte eine Zeitlang in dem fremden Land. Ich weiß wie es dort schmeckt, sich anhört und anfühlt, drängte mich durch das Gewühle in den Basaren der Innenstädte voller Mopeds und Rikschas und wanderte auf der Chinesischen Mauer.

Mit Hemingway ging ich auf Safari zwischen den grünen Hügeln Afrikas, vermaß die Welt mit Alexander von Humboldt, durchforschte das Niltal und blinzelte in den gleißenden Himmel über der Spitze der Cheops-Pyramide. Ich badete in den dampfenden Geysiren Islands und lauschte den hölzernen Didgeridoo der Aborigines am Fuße des Ayers Rock.

Ich kenne mich aus in der Welt, denn ich habe meine Zeit genutzt. An der Wand hinter dem Fußende meines Bettes hängt ein überdimensionaler Fernseher, flach wie eine Briefmarke, meinen Laptop auf seinem lenkbaren Tablett kann ich mühelos zu mir heranziehen, Lektüre in großer Auswahl liegt auf dem Glastisch neben mir.

Doch meine weiteste Reise trete ich heute an. Voller Spannung warte ich darauf, in meine Lieblingsformation, das Mare Nectaris, das am unteren Rand des Vollmondes als dunkel gezackter Schatten sichtbar ist, einzutauchen und zu erleben, wie die Sonne ihr Licht auf die unendlich weit entfernte Erde fallen lässt.

Ich mache es mir bequem, soweit meine eingeschränkte Beweglichkeit es erlaubt, und gleite in meinem Rollenbett hinaus ins finstere All. Endlich sehe ich unseren Planeten in seiner ganzen Pracht, wie er sich langsam um sich selbst dreht. Eine blaue Murmel auf schwarzem Samt, mit Wolkenbändern, die sie wie Schlieren umfangen, dazwischen die rostroten Flächen der Kontinente. Wie einst Armstrong und Aldrin es bei ihrem Flug zum Mond erlebten und wo auch ich jetzt bin. Manchmal entdecke ich sogar Sterne im Hintergrund.

Da sitze ich und schaue bis ein schwacher hellrosa Schimmer das Ende der Nacht verkündet, die Vögel ihr erstes Zwitschern ertönen lassen und ein neuer Tag anbricht. Langsam verblasst der leuchtend blaue Ball, nur die Konturen der Kontinente sind noch eine Weile auszumachen, bis auch die sich im Frühdunst auflösen und im Rahmen des Fensters die Umrisse der alten Kastanie, deren Wipfel bis zu meinem Zimmer heraufreicht, sichtbar werden.

Zufrieden lehne ich mich in die Kissen und ruhe mich aus, denn es dauert noch lange, bis die Haustüre aufgeschlossen wird und ich die täglich wiederkehrende Begrüßung höre:

„Guten Morgen, meine Liebe! Ausgeschlafen?" Diesmal mit dem Zusatz: „Oder schon auf dem Mond gewesen?" Worauf meine Verbündete das Kabel zum Globus aufwickelt, den ich hinten im Regal habe verstecken lassen, unsichtbar für mich, der sich aber, von innen erhellt, in der Fensterscheibe vor dem Nachthimmel widerspiegelte. Mit Schwester Edda habe ich Glück. Seit sie meine Betreuung übernommen hat, fühle ich mich besser. Sie versteht mich, achtet darauf, dass meine Bücherstapel wöchentlich erneuert werden und stets in greifbarer Nähe liegen, besorgt Filme, die ich gerne sehen möchte und schiebt mich, wann immer ich es wünsche, durch den nahegelegenen Park. Sogar eine Mechanik für meinen Erdglobus hat sie aufgetrieben und einbauen lassen, damit er sich langsam um sich selbst dreht.

Nach dem Frühstück habe ich Lust auf den Apollo-Flug. „Edda? Würden Sie mir nochmal die DVD mit der Mondlandung einlegen?"

Morgen vor Sonnenaufgang würde ich selbst wieder dort sein.

So vieles habe ich schon erlebt. Nur mit einer Barkasse bin ich nie gefahren.

Den Faden aufnehmen

> Ingrid Hassmann

Den Faden auf-nehmen
mit jeder Masche
Gedanken-Garn
ein sich selbst
übertreffendes Muster
zu spinnen

nicht nachlassen
ihm die Möglichkeit geben
sich zu weben
bis er Halt gewinnt –
ihm Freiheit
zur Ausdehnung schenken
und uneingeschränkt
farbenfrohes Wirken
im großen Ganzen –

ihn unentbehrlicher Teil
werden lassen
seines Eigen-Lebens –
seinen Fadenlauf fördern
und begleiten
ohne pausenlos
darüber nachzudenken
ob das Muster noch stimmt.

Geduldige Maschen
fallen nicht
ohne Ankündigung.

Kirschblüten

> Magnus Tautz

Sturzlicht
auf weißer Haut,

mahnende Stimmen
des Windes,
Dunkelheiten,

fast
anachronistisch
auf nichts aus,

als zu leuchten,
im Fall
noch zu leuchten.

Frühling

> Jens Junk

Das Laub, es fällt, verweht, vergeht,
und doch gebiert es neues Grün,
was gestern welk und tot uns schien,
im nächsten Frühling aufersteht.
Die dunkle Zeit ist überstanden,
die Wolken kräuseln Lichtgirlanden
zu hellen Kronen auf dem Haupt,
wer es nun immer noch nicht glaubt,
braucht doch nur auf die Pflanzen achten,
die unbeirrt nach Leben trachten,
frisches Grün treibt munter aus,
alles drängt es nun hinaus,
um in den ersten Sonnenstrahlen
sich zu rekeln und zu aalen,
und da staunt man, wenn man sieht,
wie neues Leben nun erblüht,
mit einer Ungeduld und Kraft,
und einer Freude, die es schafft,
uns Zuversicht und Mut zu geben,
und ungebändigt Lust zu leben!

Frühlingshauch

> Brunhild Hauschild

Der Tag begrüßt mich mit einem Raunen,
ein Hauch von Frühling liegt in der Luft.
Lautloses Wispern bringt mich zum Staunen,
ich atme zarten Vorfrühlingsduft.

Schon sehe ich Knospen an den Zweigen,
so prall, als warten sie nur darauf,
sich bald in blühender Pracht zu zeigen,
kein frostiger Dieb stört diesen Lauf.

Und in der Krone der Winterlinde
spürt auch die Amsel den neuen Hauch.
Sie singt und wiegt sich mit dem Winde.
So singe und wiege ich mich auch!

Fliederblüte

> Bettina Schneider

Luise saß in dem bequemen Ledersessel und starrte aus dem Fenster, als erwartete sie ihn jeden Moment. Seit dem Abschied vor acht Monaten fiel es ihr schwer, an etwas anderes als an seine Heimkehr zu denken. Im Frühjahr käme er zurück, hatte er versprochen, und dann bliebe er für immer.

Für Luise bedeutete es, in erster Linie zu warten. Voller Sehnsucht. Wochenlang. Monatelang. Bisweilen brachte er sich mit einem Brief in Erinnerung, ein Strohhalm der Hoffnung. Er hockte irgendwo in Afrika im Busch in seinem Zelt, erforschte Tiere, die Luise nur aus dem Tiergarten kannte und denen sie lieber nicht in freier Wildbahn begegnen wollte. Während sie seine knappen Nachrichten las, wollte sich die Nähe, die sie vor seinem Abschied geteilt hatten, nicht einstellen.

Nur zögerlich hatte sie sich auf sein Werben, später auf ihn eingelassen. Ihm eilte der Ruf voraus, auf Konventionen wenig Wert zu legen, Freiraum zu beanspruchen, zudem Frauen vor ihr gekannt und geliebt zu haben. Dennoch: Luise war mit ihm glücklich, denn er hatte sie auserkoren.

Mit Beginn des neuen Jahres war Luise in eine Krise geraten. In der Silvesternacht hatte sie zum ersten Mal die Aufbruchsstimmung in der Gesellschaft gespürt, die sich wie die Knospe einer Blüte zu entfalten begann. Um sie herum wurde wieder gelacht, die Zuversicht überwog, der Krieg und die harten Jahre im Anschluss verrutschten in den Hintergrund. Luise wünschte, sie könnte sich von dieser Welle der hoffnungsfreudigen Stimmung mittragen lassen.

Das Warten machte sie trübsinnig. Wenn sie nicht als Kinderkrankenschwester arbeitete, hielt sie sich im Haus ihrer Mutter auf. Es war ein schönes, großes Haus. Groß genug, um sich aus dem Weg zu gehen, groß genug, um sich einsam zu fühlen.

Immer häufiger, immer länger saß sie auf ihrem Lieblingsplatz, schielte hinaus in das Januargrau, das die Stadt zu erdrücken schien, entdeckte nicht ein einziges, nicht einmal ein vorwitziges, winziges Schneeglöckchen in der geschützten Ecke an der Terrasse. Die hart gefrorene Erde hielt alles Leben umklammert. Alles wirkte tot.

Ende Januar meinte die Mutter, Luises sehnsüchtiges Verharren am Fenster nicht länger ertragen zu können und schickte sie aus dem Haus. Es kostete Luise viel Überwindung, ihren Stammplatz zu verlassen. Der Zufall kam ihr zur Hilfe, denn sie entdeckte auf dem Dachboden den verfilzten alten Wollmantel ihres Vaters. Dick eingepackt und mit dem richtigen Schuhwerk ausgestattet trotzte sie dem eisigen Ostwind. Es dauerte nicht lange, bis sie Gefallen an ihren aufgezwungenen Spaziergängen fand. Wenn sie hinausging, schien das Grau des Himmels seine deprimierende Wirkung zu verlieren. Bald dehnte sie ihre täglichen Rundgänge aus, streifte durch den nahe gelegenen Wald.

Die Tage wurden länger, das Licht verlor seine Blässe. Anfang Februar ging ein Raunen durch die Natur. Es war ein leises Erzittern, nichts, was man gespürt hätte, wenn man in den warmen Räumen hockte, aber Luise hatte das Glück, es wahrzunehmen. Ein Lüftchen – der Ostwind hatte sich längst verabschiedet – trug etwas mit sich, das ihr Herz in Schwingungen versetzte. Der laue Luftzug gab die Gerüche des Waldes preis. Feuchte Erde, nasse Blätter, Harz. Saubere Luft. Es duftete nach einem vielverheißenden Beginn. Luise lauschte dem Zwitschern der Vögel, die sich während des Winters irgendwo versteckt hatten. Sie hörte ihren Gesang anschwellen, bis er zu einer großartigen Sinfonie wurde, die vom Leben erzählte. Tags darauf sah Luise einen Vogelzug in Keilformation: Wildgänse, die laut schnatterten, über sie zogen, bis die Wolken sie verschluckten. Es ging aufwärts. Der Frühling käme und mit ihm zusammen käme auch er. Vorfreude blitzte in ihr auf.

Was aber fehlte, war Farbe. Der Himmel meist grau, die Bäume nackt und die toten Blätter am Boden in einem leblosen Braun. Kein bisschen Grün. Um sie herum klagte man, der Frühling ließe in diesem Jahr auf sich warten. Luise wusste, er war auf dem Weg. Noch trug er seine Tarnkappe, aber darunter bereitete er sich klammheimlich auf sein Erblühen vor.

Eines Tages entdeckte sie im Garten ein Schneeglöckchen. Sie streifte weiter, fand Büschel der kleinen Blumen und, was sie entzückte, einen leuchtenden Fleck gelber Winterlinge. Ein warmes Gefühl, als träfe sie ein Sonnenstrahl, durchfloss Luise.

Hatte er das gemeint, diese Vorboten des Frühlings, wenn er von seiner Rückkehr sprach? Oder musste sie sich gedulden, bis die Kastanien blühten? Die Antwort erhielt sie in seinem nächsten Brief: Er käme, wenn der Flieder blühte. Luise hielt sich an seinem Versprechen wie an einem Rettungsring fest. Sie rechnete fest mit ihm, ließ dem giftigen Stachel des Zweifels keinen Platz in ihrem Herzen.

Die Zeit zog sich wie Kaugummi.

Es wurde ein paar Grad wärmer. Ab und an ließ sich die Sonne zusammen mit einem Fetzen Himmelsblau blicken. Luise betrachtete den Himmel wie ein Gemälde, auf dem es Einzelheiten zu studieren gab. Sie stellte sich vor, wie auch er, einige tausend Kilometer weit entfernt, darunter saß. Der Gedanke gab ihr Trost.

Den Februar hatte sie durchstanden. Im März machte sie sich bereit, den Frühling mit offenen Armen zu empfangen.

Es kam anders.

Zunächst kehrte der Schnee zurück, begrub alles, was sich mühsam als kleiner Stängel durch den Boden ans Licht gekämpft hatte, unter einer schweren Decke. Es gab abermals eine Phase mit dem ihr verhassten Ostwind und bitterer Kälte.

Luises Geduld wurde auf eine harte Probe gestellt.

Die einzigen, die sich nicht entmutigen ließen, waren die Vögel, die weiterhin ihr Konzert intonierten und – angefangen von den Krähen bis hin zu der kleinsten Meise – eifrig mit Material für den Nestbau im Schnabel umherschwirrten.

Die Temperaturen stiegen. Nicht, dass es warm wurde, aber die Kälte verlor sich langsam und allmählich, als täte sie sich furchtbar schwer, die Welt loszulassen. Irgendwann war der Schnee verschwunden. Das Laub im Wald wurde zusehends saftloser, bis es schließlich nur als ein Haufen pergamentartiger Hülsen übrig blieb und jeder Luftzug ein leichtes Spiel damit hatte.

Ein unsagbares Glücksgefühl breitete sich in Luise aus, als sie den ersten Zitronenfalter durch den Wald flattern sah. Mit seinem Gelb wirkte er in der Umgebung der tristen Farben wie ein Geschöpf, das in die falsche Jahreszeit geraten war. Weitere Zitronenfalter gesellten sich hinzu, eine Leichtigkeit wie Zauberwesen versprühend.

Im Garten schossen die Pflanzenköpfe höher, bis irgendwann – endlich – sich die erste rote Tulpe entfaltete. Die Knospen an den Zweigen der Bäume wurden von Tag zu Tag saftiger und dicker. Im Wald kämpften sich unzählige Keimlinge durch die halb verrottete Laubschicht. Kurz darauf bildeten sie zwei dunkelgrüne Keimblätter, die wie kleine Kohlblätter aussahen. Diese Triebe bedeckten bald ganze Flächen im Wald. Es folgten Blätter im zarten Hellgrün, die Triebe entwickelten sich zu winzigen Buchen – ein ganzer Wald der nächsten Generation.

Wie durch Zauberhand entrollten sich grüne, lange Stängel zu grazilen Farnblättern.

Luise wurde es leichter ums Herz. Mit dem Einzug des Frühlings fand sie ihre Zuversicht wieder. Die erwachende Natur steckte nicht nur Luise in ihrer Heiterkeit an. Wildfremde Menschen lächelten ihr plötzlich zu. Und Luise erlaubte sich das Lächeln, auch das anderer Männer, zu erwidern, weil es sie fühlen ließ, sie war lebendig, sie hatte das Tal durchquert. Sie war glücklich. Sie wagte, sich bewusst mit dem Gedanken zu befassen, was geschähe, wenn er nicht käme. Wenn vielleicht der Mut ihn verlassen hätte. Das, was sie anstrebten, ihm als nicht mehr erstrebenswert schien. Was dann?

Es würde schmerzen, aber es würde nicht der Weltuntergang sein. (Gedanken, die den Worten ihrer mit einer starken Portion Pragmatismus ausgestatteten Mutter sehr ähnlich klangen.) Mit Sicherheit würde es ein Danach geben, das Leben weitergehen, wie es sie auch der Krieg schmerzlich gelehrt hatte.

Im Garten sprangen die Knospen der Apfelblüten auf, überzogen die Bäume mit ihrem weißen Flor wie ein

Hochzeitsgewand. Luise saß unter den blühenden Bäumen, berauschte sich an deren lieblichen Duft und genoss mit kindlicher Freude, dass die Blütenblätter auf sie wie Schneeflocken niederrieselten, sobald ein Windstoß durch den Garten fuhr.

Es wurde Mai. Über Nacht schien die Natur noch einmal einen Schub gemacht zu haben. Der Vorabend war ungewöhnlich milde gewesen, hatte bereits die Ahnung eines lauen Sommerabends in sich getragen. Die Luft war vom Duft der Blüten geschwängert, auch jetzt am Morgen. Ein sinnesbetäubendes Duftpotpourri, wie es nur der Frühling hervorbrachte – Aromen, die Luise glücklich stimmten. Als sie von ihrem Spaziergang zurückkehrte – das Zartgrün der Buchen hatte den Wald für sie im morgendlichen Licht zu einem magischen Ort gemacht – bemerkte sie einen neuen Duft, der durch die samtene Luft strömte. Ein Duft, der ihr Herzklopfen bescherte. Unverkennbar Flieder. Sie ging ein paar Schritte weiter, fand den lila blühenden Strauch hinter einer Eibe verborgen und bog einen Zweig zu sich herunter, um an der üppigen Dolde zu schnuppern.

Es war so weit. Die Fliederblüte begann. Wusste er es, kam diese Nachricht in Afrika an? Sie schalt sich, denn er musste längst auf dem Heimweg sein. Ohne dass sie es sich erklären konnte, nahm das Warten, in dem sie längst geübt sein sollte, mit einem Mal eine andere Qualität an. Ihr Herzklopfen wuchs, ein plötzliches Kribbeln, das ihren Körper durchschwemmte, mischte sich hinzu. Luise war beinahe schwindlig.

Sie stieg die Treppenstufen zu ihrem Elternhaus hinauf. Als ihre Mutter, und nicht Lisa, ihre Zugehfrau, die Tür öffnete, verstärkten sich die Symptome.

„Er ist da!"

Luise hatte es gewusst.

„Er hat Wort gehalten!", fügte die Mutter überflüssigerweise hinzu. „Ihr werdet heiraten!" Ihre sonst so reservierte Mutter schien für einen Moment die Contenance zu verlieren.

Das Herz klopfte Luise bis zum Hals, als sie durch die Diele in das Wohnzimmer eilte.

Mitten in meinem Winter

> Anett Wassermann

Mitten in meinem Winter
hast du mich gestreift
wie ein lauer Hauch
Träume, süß und lang gereift
wehten aus dem Fliederstrauch
Mitten in meinem Winter.

Mitten in meinem Winter
klang zart ein Liebeslied
aus fernem Sommerwind
wusst' nicht, wie mir geschieht –
taute auf mein Herz geschwind
Mitten in meinem Winter.

Goldener Sand

> Magdalena Ecker

Eile, eile Sommerwind,
ich webe zarte Nächte.
Und der Flieder, mein Gebind',
traumgleich sich der Tag entspinnt,
erlöste Schattenmächte.

Glockenhell die Stimme spricht
von lauen Abendstunden.
Dort, wo sich das Sonnenlicht
in perlengleichen Tröpfchen bricht
und uns die Früchte munden.

Ich erfasse deine Hand,
gebannt in hehrem Staunen.
Um uns her versinkt das Land,
alles wird zu gold'nem Sand,
wenn leis' die Himmel raunen.

Werden im Sein

> Ingrid Baumgart-Fütterer

Im Sein geht auf
die Saat
der Veränderung
und treibt
unentwegt
neue Blüten,
solange wir leben.

Keine Blüte
gleicht der anderen.

nur scheinbar

> Mirani Meschkat

Auf knien lag ich
an den grenzen der sprache,
wo sich das nichts zu allem verwob,
war nicht mehr sicher, dieselbe zu sein,
als ich mich endlich erhob.
lautlos mein schritt in den hallen der stille,
sonnenlicht flutet das große tor.
hinter bewimpertem augengitter
werfe ich einen schattenblick
tief in den garten, den ich verlor.
mein garten ist eine schwimmende insel,
ein abgebrochenes stück paradies,
das treibt mit den winden
nur scheinbar im kreis
bis wir uns finden.

Der späten Jahre farbenfroher Weg

> Hannelore Thürstein

Sie kamen alle in die Teeküche, um den Renteneintritt von Luise Neubauer zu feiern. Dreißig Jahre lang hatte sie sich um die Sauberkeit und Ordnung in den Firmenräumen gekümmert. Ein kleines Büffet mit selbstgebackenen Kuchen stand auf dem Tisch und in der Mitte der Versammlung befand sich Luise. Sie versuchte mit Tränen in den Augen, eine kleine Abschiedsrede zu halten, was ihr erkennbar äußerst schwerfiel. Nach der kleinen Feier spülte Luise das Geschirr, verabschiedete sich von allen und machte sich auf den Heimweg. Sie war in einer trübseligen und grüblerischen Stimmung. Was hatte ihr das Leben noch zu bieten?, fragte sie sich. Die Rente würde gerade für Miete und das Nötigste reichen und die sozialen Kontakte zu ihren Mitmenschen, die seit dem Tod der Tochter und ihres Mannes immer seltener wurden, würden weiter abnehmen und so ihre Einsamkeit und traurige Verlassenheit, die sie empfand, noch verstärken.

Drei Tage später fiel Luise beim Zeitungslesen eine kleine Anzeige auf. Ein älterer Herr suchte eine Haushaltshilfe für wenige Stunden am Tag. Gerade richtig, um die mickrige Rente aufzubessern, überlegte Luise und griff zum Telefonhörer. Drei Minuten später war ein Vorstellungsgespräch für den Nachmittag vereinbart, bei dem sie auch sofort die Zusage bekam, am nächsten Montag mit der Arbeit zu beginnen.

Der Inserent, Henrik Hopper, war ein weit über die Landesgrenzen hinaus sehr erfolgreicher Künstler und Experte für zeitgenössische Malerei, ein unsteter Geist von siebzig Jahren, der äußerst produktiv war und voll und ganz für die Kunst lebte. Er besaß ein großes, lichtdurchflutetes Wohnatelier in München, das einen herrlichen Blick über den Englischen Garten bot. Luise war begeistert von ihrem neuen Reich. Ihr zukünftiger Arbeitgeber wirkte auf sie etwas exzentrisch, aber sie wusste die Leute zu nehmen, wie sie waren.

Am Montag der darauffolgenden Woche klingelte Luise punkt neun Uhr bei Henrik Hopper. Alsbald hörte sie tapsende Schritte und kurz darauf wurde die Tür schwunghaft aufgerissen. Henrik Hopper stand barfuß im Schlafanzug und mit zerzausten Haaren an der Tür. Er blickte streng über den Rand seiner Brille und raunzte: „Wer sind Sie denn?"

Das fängt ja gut an, dachte Luise. „Guten Morgen Herr Hopper, ich sollte heute bei Ihnen im Haushalt anfangen."

Der Maler besann sich. „Ach ja, hatte ich ganz vergessen. Kommen Sie herein", forderte er Luise auf und lief schnurstracks mit ihr in die Küche. Luise staunte über das Chaos, das dort herrschte. „Dafür haben Sie mich sicherlich eingestellt, Herr Hopper?"

„Richtig! In diesem Haushalt gibt es jede Menge für Sie zu tun. Fangen Sie gleich an."

Luise machte sich in den nächsten Tagen vertraut mit dem fremden Haushalt. Es herrschte überall eine schreckliche Unordnung, die sie in den folgenden Wochen beseitigte.

Ihr Arbeitgeber war ein Chaot und ein Mensch voller Widersprüche. Von Zeit zu Zeit, wenn er sich gerade langweilte oder ihm der Pinselstrich nicht so recht gelingen wollte, lud er Luise in sein Atelier ein, um ihr

Vorträge über die Kunst des Malens zu halten. Ausgiebig erklärte er ihr die verschiedenen Maltechniken, referierte stundenlang über die Farbpalette und wie man aus verschiedenen Farben wiederum andere mischen konnte. Sie erfuhr, was Komplementärfarben sind und aus welchen Tierhaaren die besten Pinsel hergestellt werden. Im Laufe der Zeit verspürte Luise ein wachsendes Interesse an der Kunst. Sie fing an, alte Pinsel und nicht ganz leere Farbtuben, die Henrik verschwenderisch in den Müll warf, mit nach Hause zu nehmen. Auf kleinen, billigen Leinwänden begann sie ihre ersten Schritte in die spannende Welt der Ölfarbenmalerei und auch die Bücher zu diesem Thema aus der nahegelegenen Stadtbibliothek halfen ihr über viele Stunden der Einsamkeit hinweg.

Eines Tages, als Luise gerade ein paar alte Pinsel und Farbtuben in ihrer Tasche verstauen wollte, stand Henrik Hopper plötzlich hinter ihr. „Was machen Sie da?", fragte er schroff. „Beklauen Sie mich etwa?"

Luise erschrak fürchterlich über diesen Vorwurf und wurde rot vor Verlegenheit. „Ich nehme mir nur die alten Pinsel und alten Farbtuben, die Sie wegwarfen, mit nach Hause", erklärte Luise verunsichert.

„Aber das ist Diebstahl und was fällt Ihnen überhaupt ein, meinen Müll zu durchstöbern." Henrik Hopper war verärgert und wurde laut. „Sie können Ihre Siebensachen zusammenpacken und verschwinden. Sofort!", befahl er und blickte sie mit einem wütenden Gesichtsausdruck an.

Luise brachte vor Scham kein Wort heraus. Sie senkte den Blick, legte die Pinsel und Tuben geräuschlos auf den Tisch, zog ihren Mantel an und verließ mit hängendem Kopf und ohne ein weiteres Wort die Wohnung von

Henrik Hopper. Sie schämte sich wie nie zuvor in ihrem Leben. Sie hätte fragen sollen, kam es ihr in den Sinn, aber zu spät. Wie sehr sie den Verlust dieser Arbeitsstelle bedauerte, konnte sie gar nicht beschreiben.

Henrik Hopper war stinkwütend auf seine Haushaltshilfe, doch schon am nächsten Tag begann er, über seine Reaktion nachzudenken. Er hatte wieder etwas überzogen reagiert. Eine seiner unangenehmen Schwächen. Luise war in seinen Augen eine sehr kompetente Haushaltshilfe und einer der wenigen Menschen, den er für längere Zeit um sich herum ertrug. Für was brauchte sie eigentlich den Kram? Er wollte eine Antwort auf seine Frage, zog sich an und stand eine halbe Stunde später vor Luise, die vom Besuch des Malers überrascht war. „Wollen Sie mich nicht herein bitten?", fragte Henrik forsch ohne ein Wort der Begrüßung.

Luise trat zurück, ließ Hopper eintreten und führte ihn in ihr kleines, bescheidenes Wohnzimmer. Die Schrankwand dort war alt und unmodern. Es gab ein abgewetztes, graues Sofa, ein schmales Bücherregal und einen Fernseher, der auf einer kleinen Kommode stand. Über dem Sofa hingen zwei kleine Blumenstillleben. Henrik trat näher und sah sich die Bilder genauer an. Auf einem davon war eine hellgraue, bauchige Vase aus Ton mit violetten und weißen Fliederblüten zu sehen. Das Gefäß stand auf einem runden Spitzendeckchen, auf dem zusätzlich im Vordergrund ein kleines, filigranes Tintenfass aus Silber

platziert war. Das zweite Blumenstillleben, nicht minder schön, passte farblich und im Stil eindeutig zu Ersterem, was durch eine Schreibfeder und ein paar kleinen Tintenklecksen auf dem Tischtüchlein für jeden Betrachter sofort erkennbar war.

Henrik war äußerst erstaunt. Der Lichteinfall und die Schatten der Objekte waren nahezu perfekt gemalt, ebenso die Spitzen und das Filigrane des silbernen Tintenreservoirs.

„Woher haben Sie die Bilder?", fragte der Maler neugierig.

„Die habe ich gemalt", erklärte Luise knapp.

„Wie mir scheint, haben Sie ein ruhiges Händchen und sehr viel Geduld."

„Sie sind doch nicht gekommen, um über meine Bilder zu plaudern."

„Ehrlich gesagt, nein." Hopper sah Luise direkt ins Gesicht. „Meine Reaktion letzthin war wohl etwas überzogen."

„Nein, Herr Hopper, Sie hatten vollkommen recht. Ich habe mir nichts dabei gedacht, als ich die Sachen aus Ihrem Müll fischte. Ich hätte Sie fragen müssen. Wissen Sie, Ölfarben und Pinsel sind sehr teuer. Das kann ich mir nicht leisten und ich wollte unbedingt malen", erwiderte Luise.

„Übrigens, es fehlt Ihre Signatur und ein schöner Rahmen für die Bilder." Henrik ging nicht auf das von Luise Gesagte ein. „Frau Neubauer, wir haben uns beide falsch verhalten. Wir sollten einen Neubeginn starten."

„Ich weiß nicht, Herr Hopper. Das gegenseitige Vertrauen wurde zerstört und das sollte die Basis für ein gutes Arbeitsverhältnis sein."

„Da haben Sie sicherlich recht, aber wir sollten es trotzdem noch einmal miteinander versuchen."

Zögernd willigte Luise ein. Sie versprach, am nächsten Tag die Arbeit wieder aufzunehmen. Erfreut darüber und auch über die Erlaubnis, Luises Bilder mitnehmen zu dürfen, verließ Henrik Hopper die kleine Wohnung. Zu Hause nahm er die Bilder genauer in Augenschein. Luises Art zu malen imponierte ihm.

In seiner kleinen Werkstatt machte sich Henrik Hopper an die Arbeit. Er fand schnell die passenden Holzleisten für Luises Bilder. Sie waren schlicht, mit einem etwas höheren Falz und einer Breite von acht Zentimeter. Die Leisten waren nur mit einem Hauch Gold belegt, sodass das dunkle Holz durchschimmern konnte. Am nächsten Morgen, als Luise in die Küche des Wohnateliers trat, lagen ihre Bilder auf dem Küchentisch. Nebeneinander ergaben sie ein untrennbares Paar. Jedes wirkte für sich allein, aber zu zweit, mit diesen schönen Holzrahmen, erhöhte es die Wirkung auf jeden Betrachter.

Plötzlich stand Henrik Hopper in der Küchentür. „Sie haben sich zwei Minuten verspätet, Frau Neubauer", begrüßte er Luise. „Genau genommen sind es vier." Luise zeigte ihm ihre Armbanduhr.

„Sie müssen immer das letzte Wort haben, aber gut, dass Sie da sind. Ich wollte Ihnen mitteilen, dass in der nächsten Woche meine neue Ausstellung eröffnet wird. Eine Ecke wird von mir immer für einen Nachwuchskünstler der Kunsthochschule reserviert, aber dieses Mal werden dort Ihre beiden Bilder hängen."

Luise blickte erstaunt auf den noch im Schlafanzug und völlig zerzausten Hopper.

„Ein Nein wird nicht akzeptiert", setzte er hinzu, drehte sich um und verschwand im Badezimmer.

Luise war verblüfft. Sie musste sich auf einen der Küchenstühle setzen. Ein Gemisch unterschiedlichster Gefühle durchströmte sie. Sie ahnte, dass sich ein neuer Weg vor ihr auftat. Nur eines musste sie tun. Ihn gehen.

Anfang

> Martina Onyegbula

Ich steige gerade erst
aus Eruptionen
mit gerupftem Fell und
durchnässter Seele;
„Nicht bereit", sage ich
doch das Herz so in Eile
springt aus der Leere ins Leben
und vollzieht Missionen.

Du kreuzt die Schicksalslinie
beschwörst zur rechten Zeit
ein Wagen und ein Träumen
verlockst Instinkte
und ich finde mich schon
sogleich im Sog der Auferstehung;
Du aber setzt deinen Fuß schnell
unverrückbar in meine Tür.

Neue Wege?

> Dirk Juschkat

Der Schlüssel steckt, du drehst ihn um,
dabei weißt du nicht mal, warum
dich immer noch die Neugier treibt,
die Sehnsucht, diese Suche, bleibt.

Wie eine Drohung trutzt die Tür,
doch du hast kein Gespür dafür;
bist nur fixiert auf Schloss und Knauf,
lässt deinem Drang den freien Lauf.

Und kommt Bewegung dann in Schwung
fühlst du dich endlich wieder jung,
dein unentdecktes Land steht offen
und lässt die Seele nochmals hoffen.

Dein Schritt quert mutig jene Schwelle –
und findet sich an gleicher Stelle:
die Leere, die du kurz verlassen,
bekommt dich stets erneut zu fassen.

Der Mensch hetzt oft von Raum zu Raum,
dabei bemerkt er jedoch kaum,
dass nicht die Wege irreführen –
er selbst trägt sich durch alle Türen!

Neubeginn

> Gabriele Friedrich-Senger (gafrise)

Hatte lange nachgedacht
über mein bisher'ges Leben
denn da gab es viel zu kitten
und wieder zusammen zu kleben
Scherben des Lebens
eben ...
Hab so manches geordnet
geräumt und entrümpelt
was mir so trüb
in der Seele gedümpelt
Abfall des Lebens
eben ...
Nun ist mir ganz leicht
beginn neu zu gestalten
und mein „Mich-Spüren"
kann sich wieder entfalten
Freiheit des Lebens
eben ...
Will neu jeden Tag erleben
so wie es bei Kindern
und nichts und niemand
wird mich daran noch hindern
Freude am Leben
eben ...

Ein kurzer Gast des Grashalms

> Werner Baumgarten

Du rutschst einsam,
sorgfältig haftend
den Halm hinunter.
Du klammerst kräftig,
gierig
am grünen Stängel.

Du glitzerst,
funkelst reflektierend
und küsst mit Nässe, was dich hält
und was du fühlst.

Du hängst,
wirst länger,
ziehst dich und lässt los,
sodass du fällst,
hinab,
tiefer,
auf den Boden –
wirst eine Pfütze aus Tropfen,
ein Spiegel für die Welt.

Mahamaya

> Marco Semmelroth

Als sie in den Nachthimmel schaute und sah, dass ein helles Licht aufblitzte, wusste sie, dass irgendwo dort draußen ein Stern starb. Noch ein letztes Mal, in voller Kraft und grenzenloser Schönheit, zeigte sich dieser alte Riese. So überstrahlte er einen kurzen Moment alles, bevor seine Leuchtkraft langsam aber sicher in den dunklen Weiten verblasste. „Das ist der Stern Mahamaya. Was ihr dort sehen könnt, gehört zu den hellsten Erscheinungen im Weltall. Seid dankbar für diesen einzigartigen Augenblick, denn die Wahrscheinlichkeit, dass ihr in eurem Leben einem solchen Ereignis beiwohnen dürft, geht gegen null", sagte sie zu ihren Studenten, während sie das Teleskop nachjustierte. Es war einer dieser leicht kühlen Sommernächte, die die astronomischen Beobachtungen zu etwas Besonderen machte. Die unerträgliche Hitze des Tages verschwand allmählich, während ein leichter Wind über die Landschaft wehte. Sie und ihre Studenten waren die einzigen Menschen auf der Waldlichtung, die jedes Jahr für das Seminar genutzt wurde. Alle waren mit ihren Beobachtungen beschäftigt, sodass man in der Ferne das Rauschen und Knistern der Blätter hören konnte. Es waren genau diese magischen Momente, die sie an ihrer Arbeit liebte. Hier konnte sie den ewig langen Zahlenreihen und gigantischen Datensätzen entfliehen und sich erinnern, weshalb sie sich damals für die Astrophysik begeistert hatte. So ist es wohl mit allen Träumen. Nur in den Gedanken sind sie vollkommen. „Ich habe gelesen, dass in vielen Milliarden Jahren alle Sterne erloschen sind, und dass das Universum dann ein kalter und dunkler Ort sein wird", sagte einer ihrer Studenten.

Sie konnte sich gar nicht mehr daran erinnern, jemals so jung gewesen zu sein. „Das ist eine der gängigen Theorien. Sie ist aber nur eine der Möglichkeiten. Wie ihr sicherlich schon gehört habt, ist unser ganzes Sonnensystem aus einer großen Supernova entstanden. All das Material, das damals bei der Explosion entstanden ist, macht nun einen Teil von uns aus. Wie ihr sehen könnt, geht im Universum nicht wirklich etwas verloren. Es beginnt nur etwas Neues." Während die Worte aus ihrem Munde schossen, fragte sie sich unweigerlich, ob dieser kosmische Zustand auch auf sie zutreffen könnte. Ein kurzer Moment und ihr ganzes Leben zog wie ein trauriger Film an ihr vorbei. Ihren Masterabschluss hatte sie mit Auszeichnung beendet, ihren Doktor bereits im Studium begonnen, sodass sie zu den jüngsten Absolventinnen ihrer Universität gezählt hatte. Nun forschte sie seit Jahren. Das war ihr Traum. Seitdem sie denken konnte. Sie zwängte sich ein Lächeln heraus. „Aber das Universum dehnt sich doch immer weiter aus. Während alle Sterne irgendwann erloschen sind, hat sich doch eine unendlich große Leere ausgebreitet", erwiderte der Student, der fordernd auf eine Antwort wartete. In den Nachthimmel starrend, hallten die Worte des Studenten wie ein leises Echo über die Lichtung, während sie voller Panik merkte, wie sich die Leere in ihr ausbreitete. Sie konnte es nicht aufhalten, bekämpfen schon gar nicht. Ihr Herz begann unregelmäßig zu schlagen. „Das ist auch eine Möglichkeit", antwortete sie hastig, während sie versuchte die kühle Nachtluft einzuatmen. Sie kniete sich vor das Teleskop und schraubte nervös daran herum. Wieder den sterbenden Stern betrachtend, erinnerte sie sich an ihre anfänglichen Worte. „Mahamaya", murmelte sie und beruhigte sich wieder.

Aus der Asche

> Michelle Wröbel

Tausend Jahre
Wie Sekunden
Verblassen

Tausend Sterne
Licht im Dunkeln
Erloschen

Leben zu Staub
In der Nacht
Von Moment zu Moment
Zeit wird
Zeitlos
Von Augenblick
Zu Ewigkeit

Augen erblicken
Erwachend
Leben stürmt
Mit Kraft
Totgeglaubte Glieder
Das Feuer
Entfacht

Tosend erhebt sich
Ein Kleid von
Flammenden Federn

Phönix
Aus der Asche

Neues Licht

> Gabriele Franke

Es fällt mir schwer
mich in den Augenblick
zurückzuholen,
immer schwächer
wird das Gefühl der Nähe,
Farben verblassen.
Am Tropf der Erinnerung
füllst du meine Augen
mit farbloser Flüssigkeit.
„Glück das Licht bringt"
ist die Bedeutung von Wasser
in fremder Sprache.
Mein Dasein hat
ein neues Licht bekommen,
Trauer entfernt sich.
Wie ein dunkler Stern,
der sich im pfirsichwarmen Morgen
davonschleicht.

Das neue Glück

> Elisabeth Schreck

Sie saß auf der Bank schon so lange, dass sie jegliches Zeitgefühl verloren hatte. Unter den Baumkronen lauerte bereits die Dunkelheit und verschluckte nach und nach die zwischen den Stämmen hängenden Nebelschwaden. Um sich selbst zu wärmen, zog sie sich die Kapuze ihrer Weste über und ihr Bein an. Es war ihr bewusst, dass der Stadtpark kein Ort war, an dem man als Frau eine Nacht verbringen sollte, wenn man nicht auf ein Abenteuer aus war. Aber sie fand nicht die Kraft aufzustehen und nach Hause zu gehen – wohl auch weil niemand wartete. Es war wie eine innerliche Blockade, die sie gegen jede Vernunft handeln ließ.

Sie hatte über die Jahre gelernt zu funktionieren. Das hatte sie zumindest geglaubt. Sie hatte alle Kräfte aufgeboten, um die anderen glauben zu lassen, sie arbeite ausfallsicher wie ein mechanisches Uhrwerk. Keiner hatte gemerkt, dass sich dabei ihr inneres Fass langsam aber beständig füllte, bis es übervoll war. Nun war es übergelaufen. Ihr Freund hatte sie mit einer anderen Frau betrogen und sich noch zu rechtfertigen versucht. Der Klassiker, von dem man glaubte, dass er einem selbst nie passieren würde. Explosionsartig war all die angestaute Wut in ihr ausgebrochen – einer mörderischen Atombombe gleich. Und das Tückische war, dass alles, was sie früher als schön empfunden hatte, verstrahlt schien. Sie hatte das Gefühl, sich an nichts und niemandem mehr erfreuen zu können. Und konnte sich dennoch nicht selbst bemitleiden.

Gähnende Leere, Vakuum, Abwesenheit von Materie – wenn in einem selbst Unterdruck herrschte, kam einem geringer Druck von außen schier unerträglich vor. Sie hatte vergessen, wofür sie lebte, hatte sich hoffnungslos verirrt. Das Einzige, was sie wusste: Sie hatte ein für alle Mal genug von all den Verpflichtungen. Sie wollte nicht mehr arbeiten, nur um Geld zu verdienen. Nie mehr wieder wollte sie sich in elegante Kleidung zwängen, um dann im fünfzehnten Stock eines mausegrauen Gebäudes Zahlen zu verbuchen. Konten, Salden, Buchungssätze – tagein, tagaus. Selbst wenn der Computer abgestürzt war, hatte sich die Spannung in Grenzen gehalten. Und wenn sie dann abends heimgekommen war, hatte sie sich anstandslos der Hausfrauenrolle gefügt. Flink hatte sie meist noch ein 3-Gänge-Menü auf den Tisch gezaubert und vergeblich auf Hilfe oder bloß Aufmerksamkeit gewartet. Und nach dem Wegräumen hatte sie geputzt, gewaschen und faltenfrei gebügelt, bis sie völlig erschöpft ins Bett gefallen war. Ihren Tagesablauf hatte sie „Leben" genannt und war zufrieden damit gewesen, in der Lage zu sein, alles unter einen Hut zu stopfen. Aber jetzt wünschte sie sich Abwechslung und sie wollte endlich tun, was ihr wirklich Spaß machte.

Es war schon dunkel und nur die Straßenlaternen spendeten noch dürftig Licht, als ein schlanker Herr mittlerer Größe von rechts kam und sich neben ihr auf der Bank niederließ. Noch bevor er sich hinsetzte, zog auch er die Kapuze seiner Jacke über seine Glatze. Für einen kurzen Moment rutschte ihr das Herz in die Hosentasche. „Danke, aber ich brauche nichts", sagte sie.

„Ich habe nichts zu verkaufen", meinte er. „Was hast du

dann vor?", sie drehte ihren Kopf vorsichtig in seine Richtung und schaute ihm in die Augen. Denn an den Augen konnte man am ehesten erraten, welche Absicht ein Mensch hatte. Seine Antwort fiel wenig aufschlussreich aus: „Das Gleiche wie du." „Das wäre?", sie wurde langsam ein wenig ungeduldig. „Den Abend im Stadtpark genießen", seine Antwort kam überraschend für sie. „Dann bist du falsch gelegen. Das habe ich nicht vor", ihre Stimme wirkte ungewollt patzig. „Was dann? Übst du dich im unzufrieden sein? Jeder ist seines eigenen Unglückes Schmied", er teilte ihr seine Meinung so unverblümt mit, dass sie für einen kurzen Moment sprachlos war. „Fühlst du dich nie sterbenselend?", sie hütete sich auf seine spitze Zunge einzugehen. Die Frage zeigte Wirkung, traf ihn scheinbar. Er wurde nachdenklich: „Doch. Wer nie unzufrieden ist, kann doch auch nicht zufrieden sein. Aber ich denke, ich könnte ab und zu noch ein bisschen glücklicher sein." „Da gebe ich dir recht. Vielleicht sollte man sich häufiger Zeit zum Nachdenken über die wirklich wichtigen Dinge im Leben nehmen. Kommst du öfters nachts zum Philosophieren in den Stadtpark?", sie beobachtete seine Gesichtszüge und wurde doch nicht schlau aus seiner Mimik. „Nein", er lachte kurz auf und wurde sodann wieder ernst, „ich hatte Lust einen Spaziergang zu machen, wusste aber nicht ob ich morgen dazu noch in der Lage bin." „Warum?", hakte sie vorsichtig nach. „Weil es nur mehr eine Frage der Zeit ist, bis mein Gehirntumor mein Leben einkassiert." „Oh", meinte sie schluckend und ergänzte nach einer kurzen Pause, „tut mir leid für dich". Aber ihre Worte waren so leise, dass sie sich nicht sicher war, ob sie nicht von der sachten Windböe verschluckt wurden, die im selben Moment ihre Haare durchkämmte. Dann saßen sie eine ganze Weile da, ohne dass einer von beiden etwas sagte.

„Hast du Angst? Vorm Sterben? Davor, die Kontrolle über deinen Körper zu verlieren?", meinte sie dann, als die Stille unerträglich wurde. „Ab und zu vor beidem. Aber mehr Ehrfurcht als Angst. Doch was bedrückt dich?", sie empfand ihre eigenen Probleme plötzlich als lächerlich. „Nichts Nennenswertes", sagte sie deshalb. „Das glaube ich nicht", meinte er und sie wusste, dass sie ihm nicht entkam. „Ex-Freund, Hausarbeit, Firma – mir ist alles ein bisschen zu viel geworden. Ich weiß nicht einmal mehr, was mir Spaß macht", fasste sie für ihn zusammen. „Mach, was dir früher getaugt hat. Spielst du noch ab und zu Geige?", sie musste ihn verdattert angeschaut haben, denn er ergänzte sogleich, „als Kinder haben wir bei einem Vorspielabend einmal zusammen gespielt." Sie konnte sich nicht mehr erinnern. „Ab und zu", sagte sie dann, „ab und zu spiele ich noch."

„Hast du morgen schon etwas vor?", auf seine Frage hin schüttelte sie den Kopf. „Morgen ist Faschingsdienstag. Komm ins Krankenhaus und wir spielen zusammen, bis die Niedergeschlagenheit, die sich in den letzten Jahrzehnten in den Krankenhausgemäuern eingenistet hat, die Flucht ergreift. Ich will noch ein letztes Mal die erste Geige spielen, bevor ich sie dem Tumor übergeben muss", er war plötzlich so fröhlich, dass sie seine Bitte nicht abschlagen konnte. „Zimmer 312", meinte er, bevor er aufstand, „und überleg dir eine Verkleidung. Ich gehe als Skinhead." „Als Skinhead gehst du nicht durch", sie musste über seine Idee lachen. „Dann verkleide ich mich halt als Drogendealer", er zwinkerte. „Bis morgen dann", er verschwand im Schatten der Bäume. „Bis morgen", sagte auch sie und ergänzte wenig später, „vielleicht zumindest". Aber das konnte er gar nicht mehr gehört haben, kam es ihr später.

Sie würde hingehen, wollte ihn nicht enttäuschen. Er war fröhlich gewesen. Den ganzen Heimweg dachte sie darüber nach. Sie staunte und war fast neidisch auf ihn, obwohl sie das selbst nur zu skurril fand. Sie hingegen sah sich als unbelehrbar und vergaß doch – vor lauter Denken – unglücklich zu sein.

Fäden durchtrennen

> Stephanie Richter

Die Fäden durchtrennt
schwebt sie
völlig haltlos
ins Bodenlose
weiß nicht
wo sie ankommt
das Muster muss erst neu gewebt werden
gleichmäßige Spiralen
sichere Schlupfwinkel
hübsche Ornamente
liegen aufgelöst und wirr
warten neu geknotet zu werden
die Fäden zu durchtrennen war schmerzhaft
wie ein Stück von sich selbst abzuschneiden
jetzt sucht sie
mit zitternden Fingern
die losen Enden zusammen
irrt durch das Labyrinth
das irgendwann Sinn sein soll
haltlos
doch sie nimmt Faden für Faden
vertraut darauf
dass ein neues Muster entsteht
verschlungen und schön

Wendepunkt

> Edeltrud Wisser

Drehsturmdurchwirbelt
der Wendepunkt des Blattes –
raus aus der Krise

Ein Sonnenwinken
in beseeltes Morgenschön
Das Herz schlägt aufwärts

Aufbruch

> Karin Hotek

Wohin trägt der Wind
mein Sein
mein Hier
in allem Neuen

Mein Aufschrei
Sturmwindgleich
fliegt dahin –
Irgendwo

Ich fühle wie ein
Schmetterling
im Morphoserausch
den Durst nach Aufbruch

Wildgänse
nehmen meine Blicke mit
in den Süden

> Petra Klingl

Wachstum

> Stephanie Mattner

Wildes Geäst im Blick
ich sinke in die Schatten
kalter Tage
Doch trage
den Aufbruch
austerngleich
in mir
wachse und wachse
werde Perle
für kommendes Licht

Im Ringen

> Nadja Felscher

Federbetten wälzen sich durch mein Scheinerwachen,
während wirrende Träume in Wellenfarben
Barrikaden zu Bettkanten formen.

Überrollt, zerfahren, im Sumpf erstickend
fallen Netze grünen Nylons auf die morgendliche Frucht.

Ich räume und schleppe Steine eines Früher
zwischen Kopf- und Fußende umher,
ächze unter der Schultern Last.

Überholt hat mich die Vergangenheit.
Sie schluchzt im Nachtgewand, bittet um Vergebung.

Hätte ich die Kraft, so öffnete ich die Fenster.
Dort huscht ein frischer Tag auf dem Morgenwind.

Ach, sollten doch beide miteinander ringen! –
Ich fügte mich und tauchte in tiefe See.

Der Astronaut, der von der Tiefsee träumte

> Maja Loewe

Kaffeesatz der Nacht / Auserzählte Menschen
Rauchfrisuren / Körper/ Am falschen Ort /Die Zunge trägt Pelz
Mein Trommelfell die letzten Akkorde

Linie 6 Messe/Ost (EXPO-Plaza)

Draußen flirren 12.000 Quadratmeter Mosaikpixel vorbei. Ich presse die Kopfhörer tiefer in meine Ohren. Die Lautstärke ist so weit heruntergeregelt, dass sich die Musik unter den Tag legt, nein, neben den Tag. Die Musik, kein Soundtrack, keine Hintergrundmusik, eher eine Parallelwelt, die ins Hier und Jetzt tropft. Parallelweltmusik.

AnnenMayKantereit. Dazu Bahngeräusche. Straßenbahnrumpeln. Das zu laute Telefongespräch. Kindergebrüll. Unterdrücktes Husten. Die Bremsen. Ein universaler Soundteppich. So wie auf den Platten von meinem Vater für die alten Schmalspurfilme. Bahnhof gab es da und Flughafen, Wald und Meer. Der passende Ton zum Bild. Auf hunderten Urlaubsfilmen hörte man das immer gleiche Meeresrauschen zum Sonnenuntergang. Siebter Track: *Meer.* Das Meer als Zeichen. Der Ur-Ton Meer. Die Idee Meer. Wie bei Platon.

Die Band spielt, während der Schacht hintern Glas vorbeizittert, MOSE-, ein buckeliges Graffito, nie zu Ende gemalt: *Und ich sitz schon wieder / Barfuß am Klavier.* Ich sinke in meine Kopfhörer, lausche ins Gestern, dem Echo der Vergangenheit, dem heiseren Gesang und den Geschichten, die nicht mir gehören: Worten, Akkorde, Schall. Die Kopfhörer sind die Singularität, in der sich

117

Raum und Zeit nicht mehr genau definieren lassen, die Oszillation zwischen Vergangenheit und Gegenwart. Alle Zeitlinien treffen sich in diesem einen Punkt, während das Mädchen mir gegenüber weint.

Sie lässt die Tränen einfach so laufen, ohne eine Miene zu verziehen, als gehöre das Weinen zum Leben dazu. Sie ist bestimmt Buddhistin, so eine westliche Buddhistin, die Sprüche vom Dalai Lama auf Facebook teilt. *Wenn du traurig bist, sei traurig von ganzem Herzen* in Comic Sans auf Regenbogenhintergrund.

Ich denke an Anna, das Palindrom Anna, die symmetrische Anna, die Gestern-Anna, deren Körper unter der Bettdecke einen lockenden Bogen gezeichnet hatte. Ein verhüllter Klangkörper. Christo hätte es nicht besser hinbekommen.

Klick – dieses Bild auf die Netzhaut gebrannt. Gespeichert für melancholische Momente, jederzeit abrufbar. Vielen Dank dafür.

Klack. Die Haustür.

Tschüss, Anna. A-N-N-A.

Wäre ich Sänger, dann hätte ich die Socken ausgezogen und mich an den Flügel in Annas Wohnzimmer gesetzt: *Ich träume Liebeslieder / Und sing dabei von Dir.* Die Wände hätten sich mit heiserer Stimme gefüllt und Magie, Anna hätte die Augen aufgeschlagen, die Bettdecke zurückgeschlagen, die Beine auseinandergeschlagen. Doch in der rohen Morgensonne gab es keine Magie mehr, nur noch entzauberte Nacht, flimmernden Staub und die Fliehkraft.

Vielleicht kommt er, der Tag, an dem ich die Gravitation dieser Momente überwinde, an der selbst die dunkle Seite des Tages ihren Magnetismus verliert. Dann lasse ich mich bis an den Horizont des Universums treiben.

Tschüss, Welt.

Ich beuge mich vor zu meinem Rucksack, suche das Wasser, nicht ohne den Blick vom Gesicht der Weinenden zu nehmen. Wie eine Schablone vermisst er dessen Schönheit. Ihr Lippenstift hat die Farbe von Pflaumen. Dann biete ich ihr das Paket Taschentücher an, das ich gerade in der Apotheke unter Annas Altbauwohnung als Geschenk zu den Paracetamol bekommen habe, ein klassisches Give-away, Taschentücher, jeder konnte sie irgendwann gebrauchen. Der Kaffee kippt um, oder ein hübsches Mädchen in der U-Bahn heult, schon bin ich dankbar.

Mein Leben wird für ein paar Sekunden zum Hochglanzwerbespot.

Das Mädchen gegenüber lächelt mich an. Die Tränen laufen dabei weiter. Sie öffnet die Packung, zieht mit ihren hellen, zart gesprenkelten Händen ein Taschentuch heraus und faltet es sorgsam auseinander. Dann beginnt sie ihre Tränen abzutupfen, so vorsichtig, als sei sie aus dünnwandigem Porzellan.

Ich drücke eine Schmerztablette aus der Blisterpackung, schiebe sie in meinen staubigen Mund, wo sie sich am Gaumen festsaugt, ein Tintenfischtentakel, konzentrierte Bitternis. Ich spüle nach und meine Magenwände gehen in Flammen auf. Nicht jetzt, nicht in meinem Hochglanzclip. Atmen. Ich atme im Balladenrhythmus der Musik, bis mein Herzschlag sich anpasst. Meine Aufmerksamkeit stülpt sich wieder nach außen, hin zu dem Mund, ihrem Mund, dem pflaumenfarbenen Herz, das sich sanft vor meinem Gesicht bewegt. Ich stelle mir vor, dass sie Seifenblasen spricht, suche den Raum zwischen uns nach Worten ab. In der kurzen Pause zwischen zwei Liedern höre ich das erste Mal ihre Stimme, leise und klar. Sie funkelt im Kunstlicht wie geschliffenes Glas.

Ich will mehr davon und ziehe die Kopfhörer raus, lass mich ganz ins Jetzt gleiten. Parallelwelt off.

Dann ist er da, der Moment, mit voller Wucht.

Der Moment heißt Luise.

Die Zeit bleibt stehen und wir mit ihr. Aegidientorplatz, Knotenpunkt. Draußen ächzen gelbe Rolltreppen, eine davon könnte mich nach Hause bringen, doch ich bleibe sitzen. Die Bahn atmet die eiligen Menschen in einem Stoß aus, dann schließt sie ihre Türen ganz fest um uns.

Wir fahren stadtauswärts.

Luise stellt die große schwarze Tasche auf den Sitz neben sich, eine kleinere klemmt senkrecht zwischen ihren Knien. Sie trägt Sommersprossen auf den Kniescheiben. Ich zähle sie, insgesamt vierzehn, bleibe sitzen, die nächste Haltestelle und auch die übernächste. Auch als wir aus dem Tunnel aufsteigen, auf die Hauptverkehrsstraße, in den Strom, ins Licht. Die Welt auf meiner Netzhaut löst sich auf, Schwarzblende.

Als die Farben zurückkehren, will Luise wissen, wie ich heiße.

Jakob, sage ich und mein Name pendelt unverbindlich zwischen uns hin und her. Er klingt nach Nächten ohne Schlaf, nach Ziellosigkeit und leeren Träumen.

Jakob, sagt sie und mein Name klimpert wie eine Handvoll Perlen aus ihrem Mund.

Mein Ohr wird ganz warm vom Sommer, der gegen die Scheibe knallt. Noch schafft es die Klimaanlage ihn zu vertreiben: Sommer, bitte draußen bleiben. Doch mit jedem Halt drängt er durch die geöffneten Türen, bis alles gefüllt ist mit heißer Luft. Ich warte darauf, dass wir abheben und wie ein Zeppelin über den Dächern der Stadt schweben.

Dann schrumpfen die Häuser zu Sportplätzen, Schrebergärten und Feldern. Am Horizont nicken die Köpfe der Kräne aus den Neubaugebieten.

Luise blinzelt, schiebt die Handfläche zwischen sich und die Sonne. Was sie hier macht, frage ich und zeige auf ihr Gepäck.

Stativ, Kamera, sie kommt aus München von der Filmhochschule, erzählt sie mir, für ihren Abschlussfilm, ein teures Projekt, doch sie hat das Budget längst zusammen, Filmförderung und Crowdfunding. Nur das Team ist ihr abhandengekommen, kleingeistige Idioten. Die halten den Film nicht für Kunst, sondern für einen Therapieversuch, die Aufarbeitung ihrer Trennung, viel zu persönlich. Aber das ist ja gerade das Interessante daran, erklärt Luise mir, schließlich stellt ja auch keiner die Kunst von Sophie Calle infrage, nur weil sich diese selbst zum Thema macht oder ihre jugendlichen Liebhaber oder ihre gescheiterten Beziehungen. Ob ich denn *Exquisite Pain* kenne.

Kenne ich nicht, aber das scheint Luise nicht weiter zu interessieren. Sie ist jetzt so aufgeregt, dass sie sogar das Weinen vergisst.

Aber das Expo-Gelände kenne ich doch wohl, Weltausstellung und so, da wo IKEA steht. Dort will sie anfangen, wo alles begonnen hat, an der Schauspielschule, wo sie ihren Freund, pardon, Ex-Freund, kennengelernt hat.

Von einem der Pavillons da gibt es einen ganz fantastischen Ausblick, schwärmt Luise, der gleichzeitig unglaublich traurig ist. Sie kennt ja selbst nur die Vergangenheit dieser gedachten Zukunft. 2000, da war sie doch noch ein Kind und bestimmt nicht auf einer Weltausstellung in Hannover. Für sie sind das immer schon apokalyptische Ruinen gewesen, eine gescheiterte und menschenleere Zukunft. Kaputt.

Luise schließt kurz die Augen, als riefe sie hinter den Lidern Erinnerungen ab (ich glaube das Klicken hören zu können, wenn die nächste Erinnerung in den Fallschacht ihres geistigen Projektors saust).

Auf dem oberen Plateau des holländischen Pavillons, sagt sie mit geschlossenen Augen, da ist sie früher oft zum Knutschen mit ihrem Freund, pardon, Ex-Freund, hingegangen. Einmal hat sie sich dabei auch an einer Junkie-Spritze verletzt und musste ins Krankenhaus, aber das ist eine andere Geschichte, nichts für ihren Film, so eine Junkie-Spritze. Das ist einfach keine schöne Metapher. Es ist ja auch nichts passiert, kein HIV oder so.

Sie leckt sich eine schimmernde Ellipse aus Schweiß und Tränen von der Oberlippe und hebt die Lider, bedächtig als wären sie ein roter, schwerer Vorhang.

Es ist gut, dass ich Luise so gern reden sehe und den klaren Sound ihrer Stimme mag, denn ich finde das ganze Gesagte doch sehr persönlich, für montags und für tagsüber und für nüchtern.

Wir halten in einem Waldstück, die Haltestellenhäuschen tragen hier Patina.

Luise schaut mich herausfordernd an. Ich beschließe, sie und ihre Worte wie ein Kunstwerk zu betrachten, mit analytischem Abstand, wie vor einer weißen Wand im Louvre.

Ja, sage ich, eine Spritze ist wirklich eine schlechte Metapher für eine Beziehung. Als ob diese von Anfang an infiziert gewesen ist, ein sehr ungutes Omen. Andererseits steht dieses Drogenutensil aber auch für die Sucht nach einer Illusion, und wenn ich das richtig verstehe, dann geht es in ihrem Film doch um die Liebe, noch dazu um eine nicht mehr existente Liebe, die sie, Luise, immer noch nicht loslassen kann. Liebe ist ja auch nichts anderes als eine Illusion, nach der man süchtig werden kann, ja, werden muss, sonst ist es ja keine erstrebenswerte Illusion. Da passt es doch schon fast wieder.

Ich sage das nicht aus Überzeugung, sondern vielmehr, um überhaupt irgendetwas zu sagen, wie im Schulunterricht damals, Leistungskurs Deutsch, um die letzte Klausur auszugleichen. Metaphern gingen immer, selbst wenn ich die Lektüre gar nicht gelesen hatte. Selbst wenn alle Wiebkes und Melanies und Leonies schon dran gewesen waren, fiel mir immer noch eine weitere Assoziation ein. Neonreklame? Ja, klar, Kunstlicht, so kalt, die Einsamkeit in der Großstadt, das Versprechen der Konsumgesellschaft, 24 Stunden für dich da, aber auch tröstlich, denn ohne die Neonreklame wäre da ja nur ein schwarzer Fleck. Mündlich dreizehn Punkte, Abiturzulassung. Meine Worte haben mir selbst noch nie etwas bedeutet.

Ja, sagt Luise mit einem Sprung in der Stimme. Das ist auch wieder wahr und sie ist vielleicht tatsächlich zu sehr in der eigenen Geschichte verhaftet, eben doch noch nicht so weit, keine Sophie Calle, ja, letztendlich noch nicht einmal eine wirkliche Künstlerin. Ich habe ihr gerade die Augen geöffnet, die Zensur im eigenen Kopf ist ihr gerade so offenbar geworden, obwohl sie Siegfried Kracauer doch gelesen hat, sogar zwei seiner Werke mit Kommentaren. Und ausgerechnet ich, ein völlig Fremder hat sie zu dieser Erkenntnis gebracht. Und das in der Bahn. Und das auch noch in Hannover. Ihr Herzmund pulsiert, als würde er gleich auseinanderbrechen. Fast tut es mir leid, dass wir uns in Hannover begegnet sind und nicht in München oder Berlin. Als ob meine Worte hier an diesem Ort mehr Wahrheit besitzen.

Draußen wachsen die abgeblätterten Utopien der EXPO aus den Feldern. Doch Luise bleibt bei sich.

Nicht das Filmteam ist an seiner Naivität gescheitert, sondern sie an ihrer, sie will gar keine echte Geschichte erzählen, sondern eine schöngefärbte, eine Kleinmädchenromanze, wie peinlich ihr das jetzt ist. Sophie, ja, Sophie Calle, die hätte die Spritze auf jeden Fall in den Film genommen, bestimmt sogar in einer 3-Minuten-Einstellung, halbnah, gleich am Anfang.

Der Endpunkt wird angesagt und Luise weint wieder, nun nicht mehr buddhistisch, sondern westlich verzweifelt, Facebook-Status: *Am Boden zerstört.*

Ein paar letzte Arbeitende, eben noch unsichtbar, entfliehen der Bahn, lösen sich im Grell des Draußen auf.

Die Türen stehen offen. Der Motor schweigt.

Wir sind die sitzengebliebenen Fragezeichen, jedes gekrümmt in seiner Formatierung.

Ich fühle mich schlecht.

Komm, sage ich. Dieser Kracauer ist doch bestimmt eins von diesen medienphilosophischen Würstchen, zu denen man im Grundstudium gezwungen wird. Und diese Sophie Calle, die pickt sich auch nur das raus, was sie wirklich zeigen will. Das machen Künstler doch immer so.

Dann steht die Bahnfahrerin vor uns. Sie will, dass wir aussteigen. Sofort.

Wir stehen auf dem leeren Bahnsteig, eingesponnen von Stahlstreben. Trotz der stehenden Hitze existiert hier eine eigene Thermik. Es gibt keinen wirklichen Wind, eher ein niederfrequentes Ächzen. In den feinen Linien der Baupläne, dem Architekten noch verborgen, wurde es im Akt der Schöpfung entfesselt. Nun ist es überall, ein hörbarer Geist, der durch die Metallstreben schwingt, die dieses Monster hier zusammenhalten.

Wohin ich denn jetzt will, fragt Luises Herzmund mich leise. Sie ist beim letzten Taschentuch angekommen, schaut auf ihre Sneakers, nicht zum Holländischen Pavillon, der wie eine Fata Morgana in das Himmelblau wächst.

Ich schweige, greife nach ihrer gesprenkelten Hand und ziehe sie zur Rolltreppe, die auf die andere Seite führt, zu den Bahnen stadteinwärts.

Die Türen stehen uns offen.

Wir lassen uns in die Hartschalensitze fallen, als wären sie aus Watte. Oder wir.

Ich ziehe die Kopfhörer aus meiner Tasche, reiche ihr einen Stöpsel. Sie lässt diesen unter ihrem roten Haar verschwinden, legt die Porzellanwange an meine Schulter.

Und ich sitz schon wieder / Barfuß am Klavier. Das Lied klingt leicht und frei.

Wir streifen die Turnschuhe ab, als wären wir siebzehn und verliebt.

Luises Haar riecht nach frisch aufgeschnittenen Äpfeln. Der Heumond schüttet sein Gold über uns aus und wir folgen der Umlaufbahn stadteinwärts.

Ich weiß nicht, wo ich hin will, sage ich endlich, vielleicht will ich immer dorthin, wo ich gerade nicht bin.

Ihr Lachen klimpert durch meine Herzkammern.

Wir sind doch alle Astronauten, die von der Tiefsee träumen, sagt Luise dann.

Und für einen Moment bin ich mir sicher, wir gleiten durch die Tiefsee. Als Wesen, die gelernt haben, sich selbst zu erleuchten.

Herbstblume

> Michael Lehmann

Birg Dein Gesicht, zart und warm
in meine Hände
Fühl wie sie begierig Deine Schönheit lesen

Das sanfte Bewegen Deiner Brauen
so voller Worte und Verletzlichkeit

Und Dein Haar, das noch immer duftend fließt
uns einhüllt und verbindet

Wir haben uns der Hast entrissen
aller Angst und allen Fragen
für diesen Augenblick

(Jocelyn gewidmet)

Dich sehen
Mandelauge
Mein Beginnen

> Peter Fritsch

Überlebenstraining oder wie sonst

> Hanne Strack

Erfreue mich am Rot des Mohns
dem Gelb der Forsythie
am Leuchten der Sonnenstrahlen
und dem Prasseln des Regens

wie sonst
könnte ich den täglichen Weltenkummer
überleben

wie sonst

Anfang

> Rainer Doering

Die Luft ist voll von süchtigem Verlangen,
Es fliegen Blicke her und Blicke hin,
Und alle hätten gern was angefangen –
Nur ist da stets die Frage nach dem Sinn ...

Nur ist da stets die Frage, wie geht's weiter?
Und stets die Forderung nach Sicherheit!
Man gibt nicht preis was hinter sieben Schlössern –
Den Schlüssel gibt's nur für die Ewigkeit!

Bis dann die Zeit die meisten Wünsche kühlte
Und die Vernunft die Oberhand gewann
Und man vergaß, was man so süchtig fühlte,
Und lieber gar nichts neues mehr begann

Und mit Moral und Anstand sich begnügte,
Bis vor der Welt in Ehren man ergraut
Und Schicksal nennt, wie sich so alles fügte,
Und Weisheit gar, dass man sich nie getraut.

Diese weiße Wand

> Janine Schröter

Diese weiße Wand steht
 nun hier schon seit Jahren,
 unbemalt, unbefleckt.
 Unbefleckt?
 Hier unten in der Ecke:
 eine Spinne in ihrem Netz.
 Dort drüben in der Ecke:
 abgeblätterte Flecken in Grau.
 Da vorne in der Ecke:
 gelblich-braune Wasserflecken.
 Hinten oben in der Ecke:
 ein vereinsamter Nagel.
 Und gleich hier vor der Mitte:
 ich mit einem Pinsel und Farbe,
 die ich gar nicht mehr brauche,
 vor dieser weißen Wand,
 die mir gar nicht mehr so weiß erscheint.

Renovierung
und über der Ladentür
jetzt ein anderes Schild

> Wolfgang Gründer

Komm und lass uns ...

> Marina Maggio

Wir zählen die nächtlichen Stunden wie Münzen,
die wir sparen müssen für die Jahre in denen
unsere Liebe hungert.

Komm und lass uns ausbrechen aus dieser Routine.
Lass uns aufbrechen und die Nachtigallenflügel an
den Nagel hängen.

Lass uns blaue Segel setzen für neue Tagträume.
Lass uns unsere Reptilienhaut ablegen, die wir
im Winterlicht unter Stein begraben haben.

Lass uns die Zeit auseinanderfalten wie ein
unbeschriebenes Blatt Papier, damit wir uns neu
erfinden können.

Lass uns Verwirrung stiften in den Wäldern und
auf den Straßen, die durch sie hindurchführen ...

Wie der Wind, der durch einen Blätterhaufen tobt
oder wie ein Sturm, der die Wellen des Meeres hebt.

Öffnen wir die Käfige unter unserer Brust, dort wo
die wilden Tiere wie Scherenschnitte umherlaufen.

Lass uns unerschrocken sein und barfüßig durch die
Welt gehen, bis der Bodenfrost auf den Gräsern und

den Wiesen taut und in den Luftspiegelungen
wieder die Blumen ihre bunten Gesichter zeigen.

Lass uns solange wandern, bis unsere Seelen selbst
zu Wiesen werden, auf der der rote Mohn blüht für
immer.

Lass uns aus unserer Raupenhaut schlüpfen und wie
Schmetterlinge Nektar suchen in den Nischen unserer
rosigen Haut.

Lass uns Räume schaffen ohne Mauern, in denen wir
geheimen Klopfzeichen nachjagen und seltene Wesen
imitieren.

Lass uns Flüsse malen, die wir ohne Schiffe überqueren
können ... auf Gedankenstrichen und Gänsefüßchen.

Lass uns die Vögel füttern, die in den hängenden Gärten
ihre Paradieskinder ausbrüten.

Lass uns selbst zu Vögel werden, frei und ohne Schatten
im Gefieder ... wissend, dass wir immer ein Nest haben
werden im Herzen des anderen.

Ohne Schuhe

> Renate Maria Riehemann

Die Jahre stecken in den Gleisen,
da stellt man keine Richtungsfragen.
Man schlägt bisweilen schnelle Schneisen,
fährt stumm. Man hat nicht viel zu wagen.

Doch heute

will ich keinen Zug besteigen, will
Barfußläuferspuren ziehen und
den blanken Sohlen Stoppeln zeigen –
die Schuhe waren nur geliehen.

Glanz der Erinnerung, Glanz des Neubeginns

> Davina Beck

Glänzende Erinnerungen überziehen meine Wahrnehmung wie warmes Gold und schließen mich in eine schützende Decke. Ich schmiege mich an sie, halb bewusst, dass ich mich der Wärme nicht hingeben darf, halb bereits in eine längst vergangene Szene eingetaucht, in der ich am liebsten ganz versinken möchte.

„Setz dich doch zu uns!" Jemand winkt mir und ich folge dem Aufruf. Zufrieden lasse ich mich auf den Boden sinken und tauche in die beruhigende Wärme ein, die mich im Kreis meiner Freunde erwartet. Ich genieße das Gefühl, die Szene jedes Mal ein bisschen anders gestalten zu können. Manchmal rücke ich besonders nah an eine Person heran, manchmal bleibe ich auch erst stehen und schaue dem Treiben von außen zu. Was ich ursprünglich tat, woher ich kam und was ich sagte, hat mir der Schleier der Zeit genommen und es durch ein honigsüßes, beinahe perfektes Bild ersetzt.

Während ich die Hände um meine Knie schlinge und die Worte durch meine Ohren wandern lasse, vertraute Worte, an die ich mich schon so oft erinnert habe, höre ich eine Stimme, kurz darauf meinen Namen. Eine Stimme, die so fest und greifbar klingt, dass sie nicht in die Szene passt. Mit einem Mal zerspringt das Bild, in dem ich es mir so bequem gemacht habe. Verdrängt von der Realität kehrt die Erinnerung in meinen Kopf zurück, darauf lauernd, mich irgendwann wieder zu ihrer Gefangenen zu machen. Vor mir sehe ich nicht mehr die Freundesgruppe, die auf einer Wiese zusammensitzt, stattdessen ein Gewimmel von namenlosen Farbpunkten, die in verschiedene Richtungen streben.

Ich höre nicht mehr das freundschaftliche Lachen, das mir Vertrauen einflößt, sondern Kindergeschrei, das die elektronischen Durchsagen übertönt. Ich spüre Wärme, aber nicht mehr die Geborgenheit ausstrahlende, sondern Hektik, Unzufriedenheit und die Hitze der Bäckereien, aus denen der Duft von Backwaren dringt und meine Nase umspielt. Eine Szene, so vermischt und unvollkommen, wie die Realität nun einmal ist.

Endlich nehme ich zur Kenntnis, wer mich gerufen hat, und folge automatisch der Person, die sich einen Weg zwischen die Menge bahnt.

„Ich hätte nie gedacht, dass du das durchziehst. Du weißt schon, all das hier zurückzulassen und an einen fremden Ort zu ziehen", höre ich die Stimme sagen.

Ich auch nicht, denke ich. Aber manchmal muss man erkennen, dass das Leben sich festgefahren hat und es auf diesem Weg nicht mehr weitergeht. Und für mich hat es keinen Zweck mehr, länger hier zu verweilen. Ich habe alles erfüllt, gelebt und genossen. Jetzt geht es an einen neuen Ort.

Nach einer kurzen Strecke kommen wir zu einer kleinen Nische, in der sich Reisende auf Sitzen niedergelassen haben. Eine Gruppe bekannter Gesichter blickt mich erwartungsvoll an. Freunde, Verwandte, alte Weggefährten.

Bin ich wirklich bereit für das alles?

Erinnerungsfetzen zerren an der Wirklichkeit, bis sie mich wieder ganz unter Kontrolle gebracht haben. Mein Blick verschwimmt, ich blende die Geräusche aus und blicke in die Ferne, wo sich die graue Fassade verdunkelt, bis aus ihr ein Sternenhimmel geworden ist, in dem die Bahnhofslichter wie Sterne blinken.

„Das hier soll niemals enden", sagt eine Stimme in meinem Kopf, die doch nicht mir, sondern der schemenhaften Person in meiner Nähe gehört. Über uns funkelt ein Sternenmeer und ich erinnere mich noch genau an die Sternbilder, die in jener Nacht zu sehen waren. Ich sehe zu ihnen hinauf, aber etwas stimmt mit ihnen nicht. Ich strecke meine Hand nach meinem Gegenüber aus und will die vertraute Wärme ergreifen, die meine Haut umschmeichelt, will seine Stimme noch einmal hören, aber als ich darüber nachdenke, zucke ich zusammen und ziehe sie zurück. Ich finde hier keine Wärme, alles ist nur erdacht, längst vorbei und unwiederholbar.

Es ist so einfach, in Erinnerungen zu verweilen und das Alte zu preisen, während man versäumt, das Neue einzufangen, das so schnell an uns vorübereilt, dass es bald ebenfalls in die trügerische Welt der Erinnerungen übergeht. Dort, wo alles vergangen und unveränderbar, aber genauso brüchig und unsicher ist und wo immer mehr Farbe verloren geht, je öfter wir uns darin bewegen. Ich blinzele kurz und mit einem Mal werde ich vom strahlenden Leuchten des Mondes umrahmt. Freuen kann ich mich darüber jedoch nicht mehr. So sehr ich auch an der Erinnerung drehe, sie bleibt festgezurrt und das, was ich aus ihr mache, ist nichts weiter als eine Täuschung.

Allmählich verschwindet der Nachthimmel und die Sterne verwandeln sich in die grauen Lichter zurück.

Bin ich bereit für das alles? Ich balle die Hände.

Neben mir vernehme ich das eilige Klacken von Absätzen, gefolgt vom Rollen der Koffer, die über den Boden geschoben werden. Über die Lautsprecher, die in allen Winkeln der Halle verteilt sind, ertönen beinahe im Minutentakt neue Durchsagen. So viele Orte, so viele Ziele. Wo diese Leute wohl hinwollen? Mein Blick folgt einigen von ihnen, bis er auf der großen Tafel in der Mitte hängen bleibt. Bald werde auch ich eine von ihnen sein. Ich werde stolpern, vielleicht sogar hinfallen auf meiner Reise, aber wieder aufstehen. Ich werde die Orientierung verlieren und verwirrt in die falschen Richtungen laufen, aber immer den richtigen Ausweg finden. Nach Morgen geht der Blick – zu meinem neuen Leben.

Im Gedränge glaube ich eine Person aus früheren Zeiten zu sehen. Nur kurz blitzt ihr Kopf hervor und verschwindet dann wieder im bunten Meer, das zu allen Seiten schwappt. Vermutlich kennt sie mich nicht mehr, während ich mein jüngeres Ich mit dieser Person durch die Straßen meiner Heimat schlendern sehe. Straßen, auf denen ich blind laufen könnte, weil ich sie bereits hunderte Male gelaufen bin und nun für neue Straßen hinter mir lasse. Gesichter, deren feine Mimik ich ohne Mühe beschreiben könnte, weil ich sie so lange schon kenne. Manchmal muss man über sich hinauswachsen und die alten Strukturen hinter sich lassen. Natürlich ist es nicht einfach. Was im Leben ist je einfach und nicht mit Anstrengung und mit Schmerz verbunden? Stehen bleiben, das ist einfach. Aber auch unglücklich. Verdrießlich. Wir können nicht vorankommen, wenn wir es nicht wagen, über den Horizont zu schreiten, wenn es notwendig ist.

„Wirst du uns vermissen?", fragt mich jemand. Eifrig nicke ich. Sie glauben, ich hege Groll gegen sie, die Stadt und die Menschen, aber das stimmt nicht. Ich gehe nicht, um zu vergessen. Ich gehe, um neu zu beginnen. Es ist kein Bruch mit dem Vergangenen, kein abgeschlossenes Buch, das einmal geschrieben und dann weggelegt wird. Es ist lediglich ein Kapitel, das nun zu

Ende geht. Die Figuren in diesem Kapitel können auch im nächsten vorkommen. Womöglich nicht oft, aber sie sind noch da.

Eine Durchsage vermeldet die Einfahrt des nächsten Zuges. Die Zeit, das Kapitel abzuschließen, ist gekommen. Meine Begleiter bringen mich zum Zug, der soeben in den Bahnhof rauscht und mit einem lang gezogenen Quietschen zum Stehen kommt. Der Klang ihrer Stimmen, der plötzlich so süß und wehmütig klingt, umschmeichelt mein Ohr ein letztes Mal, während es meinen Geist in den Zug zieht. Ein Teil von mir ist bereits weit weg und hat den bitteren Geschmack des Abschieds hinter sich gelassen.

Umarmungen, Worte, Tränen. Ich gewähre mir einen letzten Augenblick, alles auf mich wirken zu lassen und steige dann mit meinem Gepäck in den Zug ein. Ich wähle mir einen Platz am Fenster und halte noch eine Weile Blickkontakt nach draußen. Weitere Leute steigen in den Zug ein, immer mehr Reisende, die zu neuen Orten streben. Nach einer Weile versiegt der Strom und die Türen schließen sich. Ich sehe meine Gefährten winken und ich winke zurück. Ihnen sage ich „Auf Wiedersehen", meinem alten Leben aber sage ich „Lebewohl", denn ich werde nie wieder in es zurückkehren.

Der Zug erhöht seine Geschwindigkeit und wird immer schneller, bis nichts mehr klar zu erkennen ist. Ich schließe die Augen und sehe bunte Flecken vor mir tanzen. Eine neue ahnungsvolle Wärme legt sich wie Balsam auf meine Haut und lindert meine Angst.

Für einen Moment lehne ich mich zurück und lasse mir den Fahrtwind durch die Haare wehen. Dann öffne ich die Augen.

Das ist mein Neuanfang.

Die Wanderung

> Michael Lehmann

Bekannt nur denen, die hier wohnen –
eine Straße durch die Siedlergärten strebt;
Und mit ihr ein letztes Großstadtrauschen,
das sich in alte Gittermasten webt.

Lang sind die Reih'n der Vorderzäune.
Die Menschen sehen sich – wenn sie es wollen.
Am andren Ende ihrer bunt bestellten Höfe
schon Weizenfelder zu den Horizonten rollen.

Und hinter Giebelhäusern schmale Wege
in einem wirren Blätterspiel zerspringen;
Dort – ins blühende Versteck der Lauben
die Alltagsrhythmen nicht mehr dringen.

Hier feierten wir manch' Wochenende,
verwarfen Last mit junger Leichtigkeit,
lachten, selbst wenn kühler Wind uns frischte,
denn uns wärmte der Besitz der Zeit.

Wir schenkten Stunden an den Abendhimmel,
priesen seine Ferne in naivem Übermut,
wenn er in endlosen orangen Streifen
hinter Birnenbäumen sich entlud.

Es war der geliebte Rückzugsort,
von dem aus doch die Weite wir begehrten
und immer größer uns're Kreise zogen,
bis schließlich wir nicht wiederkehrten.

Auch ich empfing den Reiz der Fremde,
fuhr ihr zu auf schnellem Gleis.
Ward dort begrüßt und angenommen,
derweil die Weizenfelder wogten leis'.

Ich lernte es, mich zu behaupten –
Erfolg, wie Misserfolg mich vorwärts trieb.
Nicht jeder stand mir noch zur Seite,
das wirre Blätterspiel – es blieb.

Und nach Jahren voller Ziele,
vernahm ich plötzlich jenes stille Warten.
Als Schmerz erneut die Haut durchdrang,
träumt' wieder ich das Bild vom alten Garten …

Bekannt nur denen, die hier wohnen,
seh ich die Straße durch die Siedlung streben.
Ich ertanze mir den rissigen Asphalt –
bin müd' vom Kämpfen. Nicht vom Leben.

Kornfeld im Juni

> Bernhard Adamy

Es wird nun aus sich selbst ein Teil von Dir –
in schwebenden Bewegungen gesehen:
Es steht bewegt – bewegt sich, um zu stehen –
der Wind, von hier nach dort, von dort nach hier
bespielt in leichtem Aufundniedergehen
ein Meer der Halme, und sein weiches Wehen,

das nahe ist und in der Ferne liegt,
erhebt sich und versinkt in silberhellen
lichtblauen strömenden lichtgrünen Wellen,
die eine sanfte Kraft durchhaucht und biegt,

die Kraft der Stille, deren Gleichmut dich
berührt und dich verweilen lässt zu spüren,
wie tausend Ähren raschelnd sich berühren,
und wie in lauer Luft sich sommerlich

Mohn und Kamille mischen und verbreiten,
zugleich bewegt in den bewegten Weiten
des Kornfeld, – hier und dort – und dort und hier, –
ein schwankendes Gefild nach allen Seiten,
in Wind und Licht, die es zur Reife leiten.
Und sieh: Sein mildes Bild reift auch in Dir.

Morgendämmerung
eine Amsel legt uns
die Welt ins Herz

› Bernadette Duncan

Über die Herausgeberinnen

Stephanie Mattner

Die Wahlberlinerin studierte Germanistik mit Schwerpunkt auf das Editionswesen. Derzeit arbeitet sie für einen etablierten Selfpublishing Dienstleister. Als Mitglied bei der „Kreuzberger Literaturwerkstatt" und bei den „Poeten vom Müggelsee", bringt sie sich aktiv am Literaturgeschehen ein, was sie mit ihrem Herzensprojekt „SternenBlick" fortführt. Mit „Wortgeworden" erschien 2017 im Diotima Verlag ihr erster Gedichtband. Weitere Gedichte sind in verschiedenen Anthologien veröffentlicht.

www.stephanie-mattner.de

Nadja Felscher

Lyrikerin und Singer-Songwriterin aus Hohen Neuendorf bei Berlin. Sie liebt bildhafte und abstrakte Wort-Spielerein, den Rhythmus von Sprache sowie deren Verwandlung in Musik. Ihr Gedichtband „Ich. Blicke" (Thurneysser-Verlag, Berlin/Basel) erschien 2011. Seither nimmt sie an verschiedenen Lyrik-Wettbewerben teil und veröffentlichte auf diesem Weg weitere Gedichte. Mit ihren Texten und Liedern begleitet sie Lesungen und Vernissagen. Sie engagiert sich u.a. im Kulturkreis Hohen Neuendorf e.V. und leitet dort die Autorengruppe SchreibMut.

www.nadja-felscher.de

Über den Verein

SternenBlick e.V. ist ein gemeinnütziger Verein zur Förderung zeitgenössischer Poesie. Seit Mitte 2013 werden jedes Jahr themengebundene Anthologien, Monografien und zwei Heftreihen herausgegeben, die die dichterische Vielfalt abbilden und bewahren. Ergänzend bieten wir unterschiedliche Leseformate, Workshops und Veranstaltungen im Großraum Berlin an.

Alle Veröffentlichungen, aktuelle Ausschreibungen und Termine sind der Homepage zu entnehmen:

www.sternenblick.org

Inhaltsverzeichnis